SIX FINNISH POETS

SIX FINNISH POETS

Translated by
**Lola Rogers, Emily & Fleur Jeremiah,
& Helen R. Boultrum**

Edited and with an introduction by
Teemu Manninen

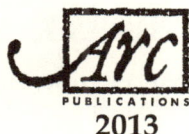

Arc
PUBLICATIONS
2013

Published by Arc Publications
Nanholme Mill, Shaw Wood Road
Todmorden, OL14 6DA, UK
www.arcpublications.co.uk

Design by Tony Ward
Printed by Lightning Source

ISBN: (pbk) 978 1906570 88 0
ISBN: (ebk) 978 1908376 53 4

Cover image:
From an original painting by Janne Nummela,
by kind permission of the artist.

ACKNOWLEDGEMENTS
The publishers are grateful to the authors and, in the case of
previously published works, to their publishers for allowing
their poems to be included in this anthology.

Arc Publications gratefully acknowledges
the financial assistance of
FILI – Finnish Literature Exchange.

FILI
FINNISH LITERATURE EXCHANGE

The 'New Voices from Europe and Beyond' anthology series is
published in co-operation with Literature Across Frontiers, a platform
established with support from the Culture Programme of the EU.

LITERATURE
ACROSS
FRONTIERS

**Arc Publications 'New Voices from Europe and Beyond'
Series Editor: Alexandra Büchler**

CONTENTS

HENRIIKKA TAVI
Translated by Emily Jeremiah and Fleur Jeremiah
Biography / 85

KATARIINA VUORINEN
Translated by Emily Jeremiah and Fleur Jeremiah
Biography / 107

JUHANA VÄHÄNEN
Translated by Lola Rogers
Biography / 131

Six Finnish Poets is the tenth volume in a series of bilingual anthologies which brings contemporary poetry from around Europe to English-language readers. It is not by accident that the tired old phrase about poetry being 'lost in translation' came out of an English-speaking environment, out of a tradition that has always felt remarkably uneasy about translation – of contemporary works, if not the classics. Yet poetry can be, and is, 'found' in translation; in fact, any good translation reinvents the poetry of the original, and we should always be aware that any translation is the outcome of a dialogue between two cultures, languages and different poetic sensibilities, between collective as well as individual imaginations, conducted by two voices, that of the poet and of the translator, and joined by a third interlocutor in the process of reading.

And it is this dialogue that is so important to writers in countries and regions where translation has always been an integral part of the literary environment and has played a role in the development of local literary tradition and poetics. Writing without reading poetry from many different traditions would be unthinkable for the poets in the anthologies of this series, many of whom are accomplished translators who consider poetry in translation to be part of their own literary background and an important source of inspiration.

While the series 'New Voices from Europe and Beyond' aims to keep a finger on the pulse of the here-and-now of international poetry by presenting the work of a small number of contemporary poets, each collection, edited by a guest editor, has its own focus and rationale for the selection of the poets and poems.

In *Six Finnish Poets*, we glimpse a nation making full use of the tools of the contemporary moment to develop a fresh poetic voice in the context of a literary activism movement engaging writers and readers alike. Teemu Manninen, in his introduction to this book, refers to "the artificiality of speaking 'like poets are supposed to speak'", reminding us of an artifice that is hard to find in the poems that follow. The language, concepts, even the basic grammar of the work of these poets can be bewildering and at times challenging, but they never leave you cold – there are moments of startling beauty, and the translations crackle with the energy of the new. It becomes clear that these writers are as comfortable with a keyboard and touchscreen as they are with the dusty tomes of the poetic tradition – or rather traditions, as this is a nation writing in two languages, Finnish and Swedish – and the resulting poetry has all the diversity and complexity that you might expect from such an amalgam of approaches.

As always, I would like to thank all those who have made this edition possible.

Alexandra Büchler

POETRY AS A FAMILY AFFAIR:
FINNISH CONTEMPORARY POETRY OF THE 2000s

In a paper delivered in the Helsinki Poetics Conference in 2004, the poets Eino Santanen and Aki Salmela wondered why so much of our thinking about poetry is so often preoccupied with the "poet's mouth", a set of stylistic, syntactic, figurative and expressive restrictions, which culminates in the artificiality of speaking "like poets are supposed to speak". In order to write something different, they proposed, we should rid ourself of the "poet's mouth" and find other ways of communicating with each other.

Santanen and Salmela voiced a common concern that has been, and still is, shared by many of the Finnish poets who have made their debut in the first decade of the twenty-first century. It is a feeling of having been delivered from the necessity of speaking as poets are expected to speak, of having gained a freedom to try on all kinds of costumes, voices and faces, to explore boundaries, to play, frolic, wander and dream of possibilities for literature which are not tied down by definitions of what poetry, or even prose, should be like.

By emphasizing such feelings of deliverance, I am not suggesting that Finnish poets were previously under pressure to conform to an artificial aesthetic, but rather that a certain set of conditions now exists in Finland for the production and reception of poetry that did not exist before, or was at least not understood to be available.

There are three main areas of change. First, there is a growth in new channels of publishing such as publishing co-operatives, self-publishing and the use of the internet. Second, there are new ways of communicating poetry, through the establishment of new literary organizations, through live events (including multimedia events) and through collaborations between poets and practitioners in other creative fields. Finally, there is the realisation that the audience for poetry is divided by age, class, gender, lifestyle and so on into a number of different audiences, and that it is possible to reach these audiences in new and specifically targeted ways.

These three areas of change have given rise to a new discussion culture, a new publicity for poetry and, stemming from this, a new way of writing. To show how these changes have come about, I shall briefly and very schematically describe recent Finnish poetic history.

    * * *

Publishing books used to be expensive and difficult. In a small

country like Finland – with a population the size of Singapore or Sicily – a marginal literary genre such as poetry never had much of a readership. In the 1980s, when I was growing up, only four (maybe five) major literary publishers dominated the field and this meant that in any given year very few books of poetry appeared. Furthermore, with no tradition of poetry events, very few literary magazines (none of them devoted to poetry), and even fewer reviews of literature of any genre in the press, there was no real possibility for an ongoing discussion between poets or about poetry.

It could be argued that Finnish poetry is really only about fifty years old. Because of the curious nature of the Finnish modernist revolution of the 1950s, which did away with rhyme, metre, subject matter, and even the poetic speech utilized by previous poets, a new way of writing was established, inspired by the kind of modernism exemplified by T. S. Eliot and Ezra Pound.

Of course such things happened elsewhere, but nowhere else in the world was the idea of "making it new" – Ezra Pound's famous dictum for modern poetry – taken as seriously as it was in Finland. During the 1950s and the 1960s, in practical terms, the history of Finnish poetry was dismantled and discarded in order to invent poetry anew: today, you will not find poetry in metre or rhyme published in Finland. Ours is a curious country; poetry that would be considered avant garde in the English-speaking world is often the boring mainstream in Finland.

This state of affairs is partly the result of a fast pace of change in Finland from the largely rural, agricultural economy of the 1960s to the urban, high-tech boom of the 1990s. In the literary sphere, since the heyday of modernism in the mid-twentieth century, movements, styles and approaches which elsewhere took over a century to evolve, in Finland sped through the decades. During the 1960s, for instance, there was a short period of "arctic hysteria" of happenings, performance art, Dadaism and Surrealism, concrete poetry and weird experimentation, until the 1970s reorganized this energy into various cultural and student movements based on a strict Stalinism and Maoism with a party line of social realism. The ideological bent of those years resulted in a national trauma that the generation of the 60s and 70s is still trying to come to terms with and, in the 1980s, to a dearth of new aesthetic innovation.

* * *

Then, in the 1990s, came a rebirth of poetry, poetry that was in contrast to the political poetry of the 1970s and the standardized free-verse monologue of the 1980s. Helsinki-based poets such as Jyrki Kiiskinen, Helena Sinervo, Riina Katajavuori and Jukka

Koskelainen took over the hundred-year-old cultural organization Nuoren Voiman Liitto and the magazine *Nuori Voima* [Young Power], which became known for importing French post-structuralist theory and associating – for good or ill – poetry with academic literary studies. At the same time they also found new ways of working with publishers and began producing high-profile literary events and series of publications which caught the attention of the media and the reading public.

At the same time in Turku, another kind of renaissance was taking place – a burgeoning of poetry readings and small literary publications, at the forefront of which was the poetry organization Nihil Interit and its magazine *Tuli&Savu* [Fire&Smoke], established in 1993 by the poets Tommi Parkko and Markus Jääskeläinen. Turku became known for its "street poetry", verse made for performance, nourished by a diet of staunch naturalism, small publishers, bars, beat and booze, but also a sense of humour and, in general, a lighter tone which the Helsinki *Nuori Voima* poets did not always share.

If the Helsinki poets showed that poets could work with major cultural institutions in an innovative way, and that poetry could be studied seriously, the Turku poets showed that it could also be a part of everyday life, a way of living, a do-it-yourself activity that was not dependent upon the approval of critics, publishers, or popular opinion.

* * *

The poetry of the 2000s is a combination – frequently a paradoxical and seemingly impossible one – of these two approaches to its form and practice. It is grounded in the work of literary activists all around Finland who belong to many different literary organizations, informal groups and collectives, among them the previously mentioned Nihil Interit and Nuoren Voiman Liitto as well as numerous other groups, most of which have been established in the last ten to fifteen years.

These organisations run the readings, clubs, workshops and conferences where poetry is heard, taught and discussed, such as the Annikki Poetry Festival in Tampere, the Poetry Moon Literary Festival in Helsinki and the Poetry Week in Turku. Along with small communal publishers, such as the highly-regarded co-operative Poesia, Leevi Lehto's ntamo and Ville Hytönen's Savukeidas, they publish magazines and books and enlarge the sphere of aesthetic possibility by taking on projects which larger publishers are not willing to tackle.

For such "literary activists" poetry is a part of everyday life, a social community, a subculture which, despite – or perhaps because

of – its unapologetic independence is hailed in many quarters as the most exciting thing to have happened in Finnish literature in the last decade. Much of this has been made possible by the fact that publishing has become cheap and the internet has facilitated communication – the making of connections between like-minded people – in a new, more immediate and efficient way. In a country the size of Finland, these connections multiply and networks are quickly formed; ties become very strong, thick with interpersonal dialogue, friendship, rivalry and collaboration. In Finland, poetry is a family affair.

This familial commonality has to be acknowledged if one is to understand the kind of poetry currently being written in Finland: one cannot approach it simply from the viewpoint of major institutions, large publishers, newspapers and literary prizes. Where the best work of an author published by a large publishing house happens to be in a blog, or in a one-off book published by a small publisher, or where a famous poet will only perform rather than appear in print, or where a one-man publishing house (for example Leevi Lehto's ntamo) publishes more poetry books in a year than all the large publishing houses combined, a more subtle approach is needed in order to situate poets properly in a literary context.

* * *

This is why I have made the selection for this anthology on sociological rather than purely aesthetic grounds. I have used as my basis an encyclopedia of contemporary Finnish poets I co-edited with Maaria Pääjärvi in 2010. We had originally been asked to edit an anthology of ten to fifteen poets representative of the Finnish "poetry boom" (so-called) of the 2000s, but we soon realised that this was highly problematic: there were far too many poets around, the literary scene had gone through numerous changes in the last ten years, and the styles, poetics and subject matter were so diverse that it was impossible to find representative "handfuls" to illustrate everything that had happened and was still happening.

Our solution was to write an encyclopedia that included everyone, in other words all those poets whose debut works had appeared in the first decade of the twenty-first century. It was interesting to see how much they had in common. Born in the 1970s or 1980s with a university education either from Turku, Helsinki or Tampere (with some from Jyväskylä), most poets were connected in some way not only with each other but also with the magazines and literary organisations that make up the Finnish literary scene.

What I personally found most interesting was the fact that I began to see similarities between the social backgrounds and the

writing styles of certain individuals. There were the academics, whose take on traditional and experimental forms was tinged with a note of argumentation and critique. There were the ingenious outsiders, who invented new techniques in figurative or actual isolation, and the social experimentalists, who found their sense of irony and humour through collaboration and discussion. There were also the "activists for empathy" who, because of an ethical imperative in their own lives, fought for causes or ways of living, for an expanded consciousness of progressive emancipation.

For someone like me, who had been trained by the academy to look only at the text, it was almost embarrassing to witness how life and work were, in reality, inseparable.

I would like to think that this selection – made with Maaria Pääjärvi, who served as the original editor of this anthology before ceding the task to me – is symbolic of the connection that exists between the life of poetry in Finland and the lives of the poets who write it. It is, at the very least, indicative of the many different styles employed by Finnish poets today, which range from experimental prose to image-rich surrealism, and from sparse, stark minimalism to ironically melancholic references to pop-culture.

Although this anthology is a good start, however, it cannot be regarded in any sense as a complete representation of Finnish contemporary poetry. To deserve this epithet, it would have to take in so much more: the video poets, the visual poets, the sound poets; the modernist traditionalists and the *outré* experimentalists, the bohemians and the academics; the poets of the 1990s and the poets of the 2000s, not forgetting the older poets who, inspired by the present poetry boom, have had a creative breakthrough in recent years.

Nevertheless I offer this preface as a way of sketching in a background that will help guide you – if only a little – as you leaf through the pages of this book and discover the work of these marvellous poets.

* * *

One could say that the work of VESA HAAPALA is an example of studied, academic poetry – he is not only a poet, but also a university lecturer in Finnish literature in the University of Helsinki – and yet that would be to miss the point completely of his stylistically and thematically broad works. Their range is formidable: from prosaic melancholy on the banks of the river Vantaa to a parody of "shopping mall poetry", he delivers both engaging satire and formally exquisite set-pieces. His first book of prose poems, *Vantaa* (2007), delves into local and personal history, while *Termini* goes to Rome to come to terms with the eternal city. His latest book, *Kuka*

murhasi Ötzin? [Who Murdered Ötzi?], (2012), is a *tour-de-force* of "experimental confessionalism", where comic relief is combined with challenging graphic design and formal inventiveness.

JANNE NUMMELA on the other hand is a fine example of the "genius in the wilderness". He is a Renaissance figure who writes, paints, and composes, and is known for his philosophical omnivoracity, most often on display in his blog 'Käymälä'. As a poet, he is an inventor: his first book *Lyhyellä matkalla ohuesti jäätyneen meren yli* [On a Short Trip Over a Thinly Frozen Sea], (2006) was the first book in Finnish to employ internet search engines as a tool for gathering linguistic material, while *Medusareaktorit* [Medusareactors], (2009) was the first science fiction poetry collection. *Ensyklopedia* (2011), a fictitious and poetic encyclopedia, was written as a collaboration with the poet Jukka Viikilä and the translator Tommi Nuopponen. Nummela's quirky style is unmistakable: a dark and almost classically stark romanticism is interlaced with surreal bursts of absurd humour. He is, at best, a philosophical world-builder, offering glimpses into a strange world where poetry flows deep in the rivers of song.

MATILDA SÖDERGRAN, who lives in Malmö, Sweden and studies English literature and translation at Lunds University, is a noted Finnish-Swedish poet and critic, whose terse, vehement verse has gained respect and admiration for its progressive themes ever since she won the Arvid Mörne prize in 2006. Two years later, in 2008, she published her first book *Hon drar ådrorna ur* [She Pulls her Veins Out] to much acclaim, and *Deliranten* [Delirious], (2009) and *Maror (ett sätt åt dig)* [She-Mares (a manner for you)], (2012) have only seen her move further towards a distinctive, unique style.

The condition of femininity, or the representation of the feminine, is a subject she often handles with the utmost care. Her poems are notable for having very few words. Angst alternates with destructive wit in a way that is somewhat reminiscent, as one reviewer put it, of the age-old manner we often face up to misfortune, using irony and sarcasm to gain distance from our troubles in order to challenge them. There is, however, nothing escapist in Södergran's poetry: it is violent, provocative and troubling.

Someone who is definitely not disturbing but is rather a sociable, friendly experimentalist if there ever was one, is HENRIIKKA TAVI. She came to literary fame by winning the Helsingin Sanomat First Book Prize in 2007 with her collection *Esim. Esa* [E.g. Esa]. This was the moment the new Finnish experimentalism matured into the mainstream. Tavi, already a veteran of *Tuli&Savu* magazine and the Nihil Interit organization, and known for her hilarious inventions in underground circles, showed that she could take on difficult, even outlandish, forms and techniques and inject them with

a personality that was as endearing as it was insightful. Since then, her poetry has won several major prizes while showing no sign of settling down. Constantly in search of new ways to express herself, Tavi, in her third collection *Toivo* [Hope], (2010), studied the unrealized poetic potential of dialects and butterfly-names while taking on themes of death and sorrow, and in 2012 she wrote a staggering twelve books, one book a month, in an attempt to see if it was possible for a poet to live off poetry alone. Each of the twelve books uses a different technique – one book was comprised solely of pre-sold ads, one of children's poems, another of visual poems, and so on.

If Matilda Södergran is a poet of few, but violent, words and Tavi, of light-hearted but intense ones, KATARIINA VUORINEN's verse flows in heavy torrents. There is a dream-like surrealism to her poetry, where sensuous, intense, rich and often challenging images intertwine with prospects of nature, scenes from home and abroad. Themes come to her slowly through the years, Vuorinen has said, themes which have to do with individual, concrete truths such as growing up, living as, and in, a body made of flesh but also as the subject of social institutions: marriage, war and history. These are portrayed most intensely in *Rouvien ja lintujen talo* [The House of Birds and Madams], (2010), Vuorinen's third book. Not just a domestic but an international literacy activist at heart, Vuorinen, a graduate of Tampere University, has served as the president of the Writers' Union of Central Finland since 2008 and has travelled extensively in residencies around the world.

JUHANA VÄHÄNEN, another poet with roots in Jyväskylä, lives in Helsinki and writes poetry that is utterly distinctive and in its own domain. Having started writing when he was 16 because, as he once put it, he knew of nothing else he could do with his life, he moved to Turku to study Finnish literature after high school. In 2005 he moved to Helsinki University, but has since devoted himself to writing full-time. His first book *Cantorin pölyä* [Cantor's Dust], (2005) was hailed as a masterpiece by fans of progressive poetics. Prose-like, dense, learned yet approachable in a quirky, ironic way, his poems chart the path of a mind facing the absurdity of existence, and are often compared with Samuel Beckett's sense of the dry, conceptual slapstick engendered by the human condition in the world in which we live. Around the time he published his first book, Vähänen started working for the poetry magazine *Tuli&Savu* and began his highly-popular blog, 'BigSur ja Surreal', a massive work in progress already years in the making. His second collection, *Avaa tule* [Open Come], was published by Teos in 2009, and the novels *Kakadu* [Cockatoo] and *Nilkka* [Ankle] by ntamo in 2007 and 2010 respectively.

* * *

And there you have it. There is nothing left but to read on.

I would like to thank FILI and Arc Publications for giving me the opportunity to work on this anthology and to give credit to all the translators for their hard work. I hope you enjoy this book. I hope it makes you curious, and I hope your curiosity will lead you to ask for even more poetry, especially Finnish poetry, in translation.

Teemu Manninen

SIX FINNISH POETS

PHOTO: IRMELI JUNG

VESA HAAPALA

Born in Jyväskylä in 1971, Vesa Haapala moved around Finland until settling in the capital. His first book *Vantaa* (Otava, 2007), which received the Kalevi Jäntti Prize, was named after the town in which he lives. Haapala's increasing collaboration with the graphic designer Markus Pyörälä is evident in the prose poetry of his later collection *Termini* (Otava, 2009) and in the avant-garde *Kuka ampui Ötzin?* [Who Shot Ötzi?], (Otava, 2012).

Haapala is a lecturer in Finnish literature at the University of Helsinki, from which he received a doctorate in the same subject.

teoksesta **TERMINI**

I

Vanha teema: kiveen on hakattu nimesi, jäätikkö riipii graniittiin
harmaan, mustan, punaisen vyöt, petaa saarille hulmahtavat
hiukset ja linnunluut. Niille astui jalka, kun meri kehräsi
myrskyt ja ulappa korahti vuosituhanten lunta. Tauotta iskivät
vuokset hampaansa yhteen, mylläsivät lohkareita. Joku näki
Alfan, joku Omegan, joku solujen jumalattomat vuodet. Tätä
teologiaa rakastaa jokainen: ranta ruotii laivat, viskaa ravat meren
kirnuun ja olemme osalliset katoamisesta. Kuinka helppoa uskoa
pudotukseen, siihen joka tulee, väistämättä. unohtaa kaunat ja
korulauseet. Haukkaa suullinen auringon soraa, köli on jo mennyt.
Ehkä sanot: jos kuva olisi tarkempi, ei meillä olisi muuta.

II

Katso, tässä, Viareggio. Uimataidoton, saappaissaan, ja taskussa
Keatsin runot.

Kun Shelleyn rippeet luhistuivat hiillokseen, Byron tuskin enää
näki rannikkoa. Hulluja, seinähulluja molemmat, pelastuksen
tuolla puolen, ja kaikki naiset jotka kiersivät heitä kuin perverssit
hait. Mitäpä heistä, hän oli uinut Leviathanin kanssa!
    Taas tuuli nosti vettä ja varjot liukuivat hänen ohitseen. Aurata
ulapalle, eteenpäin, luonnonvoimista ja tulevasta välittämättä, se
oli viimeinen veto, jonka Percy heitti.

Lahti kiehui

ja kalaveneet

pelastuivat satamiin

ja *Don Juan*

loittoni Livornosta

ja Percy huusi Williamsille:

"Ei, me jatkamme, katsotaan mihin saakka

Bolivar seuraa."

from **TERMINI**

I

An old theme: your name carved on rock, the glacier tears a grey, a black, a red belt on the granite, lays fulminating hair and bird bones on the islands. A foot stepped on them, when the sea wound the storms and the ocean's vastness gurgled out the snow of millennia. Relentlessly ebb and flow struck tooth on tooth, minced boulders. Someone saw Alpha, another Omega, someone else the godless years of cells. This theology is loved by all: the beach rakes ships, casts mud into the sea's churn and we become a part of this disappearance. How easy to believe in the fall, that which is coming, inevitably, forgetting scorn and fine turns of phrase. Bite a mouthful of the sun's gravel, the keel has already gone. Maybe you will say: if the image were clearer, we would not have been left with anything at all.

II

Look, over here, Viareggio. Unable to swim, in his boots, with Keats' poems in his pocket.

As Shelley's remains crumbled into embers, Byron could hardly see the shore any longer. Mad, stark staring mad, both of them, beyond redemption, and all the women circling them like perverse sharks. What of them, he'd been swimming with the Leviathan!
    Again the wind stirred up the water and the shadows moved past him. Ploughing out to sea, onwards, not caring about the forces of nature or the future, it was the final tug Percy gave.

                        The bay was roiling

            and the fishing boats

        were rescued into the harbours

                and the *Don Juan*

        moved farther from Livorno

                    and Percy cried out to Williams:

        "No, we'll carry on, let's see how far

                        the *Bolivar* follows."

Hän ui yhä siinä vedossa, virran falangi allaan, ja Percy oli meri.

Mutta kaukana kohosi savun magneetti. Hitain potkuin Byron
kääntyi ja lähestyi rantaa. Hän tiesi, että kaivaisi lopulta varpaansa
tuhkaan, seisoisi saman arkun päässä kuin muut. Hän tiesi
hävinneensä jokaisen vedon, se olisi hänen elämänsä rytmi.

III

Oi kaunis elämä, vuoteesi, hautajaisvuoteesi ympäriltä ei puutu
mitään. Sellaista on 1800-luvulla, niin kauas menit pakoon tietoa,
että kuolet. Itku sanasta sanaan, luurankotanssi, eräänlainen itku,
maatiloja ja ahkeraa väkeä, katu räätälin arsinalla, taitettuna,
koukussa, sellaista siellä on. Levollista, mutta aamusta iltaan
jokin kalisee aumoilla, heinikossa, Ligurialle viettävillä rinteillä.
Eräänläinen itku? Valvooko sielläkin isoveli, onko lauantai-illassa
huumaa, joko livoli kiertää ja myy hattaraa?
    Yhä törröttävät muistin kuidut pääsi vadeista, mekastavat
tätä vuotta. Anno Domini 2007. Kuut venyivät pidemmiksi kuin
aikoihin, ja sielu, maaninen diakoni, tahtoi nähdä varjokuvansa.
Totta, kallon sisällä kaikki on selkeämpää. Jos nyt särjet simpukan,
kuulet: päivien itku kaatuu ikkunoista. Hetki kohoaa, kuten loistit
kerran.

Älä mene, olisit siinä vielä.

IV

Auringon raastamaa, savu avaa proosaa, emme tulleet sitä tietä.
Valitsimme ilmalaguunit, Apenniinien stukkokylät, kun iltapäivä
haki antenneikseen betonipuita, vyörymärinteiden pikiläikkiä.
Kiersimme meren taiten kaivetut haudat, säkeen pohjalla onnetonta
ihmislihaa, ruosteisen tankkerin täky, Don Juan ja Shelleyn ruumis,
repeytyviä levämattoja siinä,
        missä nopeita aaltoja kulki vaahtoverkkojen alla
            ja Lord Byron kääntyi ulapalta
                        hautasavuille.

Valitsimme taivaan, jota aurinko ei lämmitä, esineellisten talojen huoneet,
valaistut tuulet kaupungeista päin

He was still swimming with that tug, under the current's phalanx, and Percy was the sea.

But the magnet of the smoke rose into the distance. With slow kicks Byron turned and approached the shoreline. He knew he would be digging his toes into the ash, standing at the end of the same coffin as the rest. He knew he had lost every tug; it would be the rhythm of his life.

III

O, dear life, your bed, your funeral bed wants for nothing. Thus it is in the 19th century, so far did you flee from the knowledge that you will die. Weeping from one word to the next, a skeleton dance, a certain kind of weeping, farms and hard-working folk, a street with a tailor's cubit, folded up, crooked, that's how it is there. Calm, yet from morning till evening something clatters on the ricks, in the grass, on the slopes leading to Liguria. A certain kind of weeping? Is an elder brother standing watch there too, is there a fever on Saturday nights, is the funfair already in swing, selling candyfloss?
The strands of memory still jut out from the saucers of your head, making a racket of this year. Anno Domini 2007. The months stretched out longer than in a long time, and the soul, that manic deacon, wanted to see its shadow image. True, everything is clearer inside your cranium. If you crack open a mussel now, you'll hear: the weeping of days spills from the windows. The moment advances, as you once glowed.

Don't go; please stay a while.

IV

Smoky prose rent by the sun; we didn't come that way. We chose the air lagoons, the stucco Apennine villages, as the afternoon sought concrete trees for its antennae, flecks of pitch on the landslide slopes. We strolled round the sea's skilfully dug graves, ill-fated human flesh at the bottom of the verse, the bait of a rusty tanker, Don Juan and Shelley's corpse, splitting carpets of algae there,
> where the speedy waves passed beneath the networks of foam
> and Lord Byron turned away from the sea
> towards the smoke of the pyre.

We chose the sky, which the sun does not warm, the rooms in
    material houses,
illuminated winds from the direction of the cities

ja kesken lumouksen
            ajauduimme rantaan.

Oli yö irrallaan kaikista aikakausista,
            nukuit vierelläni koko sen matkan.
     Niin tarinat veivät meitä Roomaan.

ALUSSA

Kun äitini ruokki minua, hän söi kuolleita ihmisiä. En tiedä
tuotiinko hänelle miestä vai naista, lasta vai vanhusta. Kaikkialla
tympeää vaaleanpunaista raastetta, myös hänen takaosansa
sukasissa ja ostereiden turvottamissa lanteissa. Niissä kuhisi
elämä – se riitti minulle. Karvaiset jäsenet hän nylki ja sulatti
oksennuksellaan.

Olin punainen raudikko, silmissä sapelit, kolmikynteni harasi
kallioon. Siitä lähti syöpäläiskasvin varjo.

Hyönteisiä. Jotkut verhoissa, jotkut mietteliäästi muurissa
meditoiden. Rukoilijasirkoista äitini oli suurin, tuntosarvien,
värekarvojen peitossa hän kurotti päätään vähät välittäen
suvustaan, joka valmisti uhrin, osa turvarenkaiden, osa
rauhoitteiden peitossa. Vedessä kahlaten, vedessä maaten hän
liikkui kuin lautalla, ja virta kannatti häntä.

Vuosi 1991 oli tuulinen; hiekkaa satoi Saharasta Alpeille saakka.

26. syyskuuta. Oli vuosipäiväni, ja kaulapussini voimistui. Viimein
kaikki oli kuivaa. Vaikka lattia parveili naisia, en jaksanut nousta
lihan perään. Tiesin, että ilman minua paikasta tulisi suunnaton
jätekasa, jonka rituaalit olisi purettava.

Minusta ei tehty ruumiinavausraporttia. Astuin ulos ja olin
hoikanpuoleinen, tavallinen, silmälasipäinen kaveri, joka
pukeutuu farkkuihin ja beigeen pusakkaan. Astia, jota olin
kutsunut kodikseni, täyttyi bakteereilla. Kalvo sen pinnalla suli ja
vetäytyi.

Kun tulin ovesta, he istuivat pöydässä ja valittivat, ettei Suomessa

and in the midst of this enchantment
we drifted to the shore.

It was a night separate from all ages,
you slept next to me the whole journey.
That's how the tales took us to Rome.

IN THE BEGINNING

When my mother fed me, she would eat dead people. I don't
know if they brought her men or women, children or old people.
Disgusting pink grated stuff everywhere, including in the bristles
on her behind and loins swollen by oysters. They were seething
with life – that was enough for me. The hairy limbs she flayed and
digested with her vomit.

I was a red chestnut, sabres in my eyes, my three-toed claw
dragging against the rock. It cast a noxious plant's shadow.

Insects. Some in the curtains, some in pensive meditation on the
walls. My mother was the largest of the praying mantises; with her
antennae, covered in cilia, she craned her head indifferently away
from her kin, who were preparing their victims, some under safety
tyres, some under anaesthetic. Wading in the water, lying in the
water, she moved as if on a raft, and the current carried her along.

1991 was a windy year; sand rained down from the Sahara as far
as the Alps.

The 26th of September. It was my anniversary, and my neck pouch
was growing stronger. At last everything was dry. Though the
floor was swarming with women, I couldn't be bothered to climb
up after the meat. I knew the place would become an enormous
rubbish pile without me, with rituals that should be dismantled.

No post-mortem report was done about me. I stepped outside
and was an ordinary, eyeglass-headed bloke, on the slender side,
dressed in jeans and a beige windcheater. The container I had
called my home filled up with bacteria. The film on its surface
liquefied and receded.

When I came in the door, they were sitting at the table complaining

osata kirjoittaa – suurin osa porukasta ei edes tiedä, mitä language
on. Hörahdin, sillä olin olin lukenut heidän räpellyksiään.
Kansanmaalaritkin ovat enemmän, mikäli sillä on väliä. Pöydässä.
jonka olin varannut, seisoi spodek, rabbiinin raskas ja korea
turkishattu.

– Hyvää syntymäpäivää, huikkasin itselleni ja ryhdyin tilaamaan.

CROWN OF SWEDEN

Kello viiden uutiset: Piippu kehän takana, Lassila & Tikanoja,
muumio teollisuushallissa, yhdeksäntoista vuotta, tyhjän hormin
kuivaama raato – yhtä satunnaista kuin kiitoradalta poimittu jihab,
yhtä poliittista kuin nenäkarvat, jotka liimaavat maailman yhteen.

Osta, osta, osta ja jalka jaksaa nousta, osta ja jalka nousee,
osta, osta, jaksaa ostaa, jaksaa, jalka nousee kun ostaa, kädet
jaksaa, tavaraa, jaksaa nostaa, sitä jaksaa kun on mitä ostaa...
Teräväpiirrot sylkevät yhä uusia liikkeitä, mutta mistään ei
ole aikoihin ollut selkeää kuvaa. HK:n huoltomies jauhautuu
lihamyllyyn ammoniakkihuuruissaan.

Tamä ilo, jota saa Ikeasta Victorian ja Danielin hääpäivän aamuna.
Prinsessabrunssi, morsiuskimput, sviitti takahuoneessa niille,
jotka nappaavat kukat. Kruunu on lastulevyä kauppaavan hallin
joka julisteessa. Hampen, tyyny jokaiselle hampille. Prinsessan
unet: This is international.

Anturat, rasittimet, nojatuoleja ja ovia vitriineissä – ei ihminen
avaa kaappejaan noin. Kun tartun ripaan ja repäisen, ruuvi
lastulevyn muovitulpassa siirtyy... Kun rojahdan sohvaan –
kuopat tyynyillä kertovat kaiken. Olen liimannut pienat neljästi,
muoviliitoksiin ei varaosia, korvasin ne metallilla. Nämä romut
kodissasi 25 vuotta... Tehdasta, jossa kaikki valmistettiin, ei ole.

Tämän kojelaudan sydämessä puhaltavan ilmastoinnin
muoviakselin hajoaminen, valmistuskustannukset viisitoista

nobody in Finland knows how to write – and most of them don't even know what language is. I burst out laughing because I'd read their scribblings. Even folk painters amount to more, if that makes any difference. On the table I'd reserved was a spodek, a rabbi's heavy, ostentatious fur hat.

"Happy birthday," I exclaimed to myself and started to order.

CROWN OF SWEDEN

The five o'clock news: A chimney beyond the ring road, Lassila & Tikanoja, a mummy on an industrial estate, nineteen years there, a carcass desiccated by an empty chimney – as random as a hijab picked up off a runway, as political as the nose-hairs that glue the world together.

Buy, buy, buy and keep on pumping that foot, buy and pump those feet, buy, buy, pump that buy, pump it, pump that foot as you buy, pump those hands, products, keep on pumping, you can keep on when there's something to buy... HDTVs puke out more new exercises, but there hasn't been a clear picture of anything for ages. The sausage factory's maintenance man, incensed by his ammonia fumes, is being fed into the meat grinder.

This joy that comes from Ikea on the morning of Victoria and Daniel's wedding. A princess brunch, bridal bouquet, suite in the back room for the ones who catch the flowers. The crown is on every poster in the room where plywood is sold. Hampen, a cushion for every humbug. The dreams of a princess: This is international.

Soles, loaders, easy chairs and doors in display cabinets – people don't open their cupboards like that. When I grasp the handle and give it a yank, a screw in the plastic plug in the chipboard shifts... When I venture onto a sofa – the dents in the cushions tell all. I've glued slats in groups of four, no spare parts for the plastic connectors, I substituted metal ones. This junk in your home for 25 years... The factory where everything was produced doesn't exist anymore.

The disintegration of the plastic spindle in the air-con blowing in the centre of the dashboard, production cost fifteen cents, damages

senttiä, vahingot kertaumineen 2500 euroa. Ei tällä ole paljoakaan merkitystä. Jälki, joka meistä jää, on paljon rumempi.

Actimel, tätä on mahdoton sanoa selkeämmin. Me tahdomme parasta lapsillemme ja ostamme aamuksi purkillisen sokerimaitoa. Lääkepakkaukset, subjektiiviset terveysvaikutteet, rehellisyys, läjä WC-ankkoja nokat avoimina.

Uppoudun juhliin. Nostavat monarkian arvoa kuin kvartaalit demokratian. Siniverisyys, jolle tarjotaan yhden munuaisen maalaista.

Hei, me täällä Ruotsissa osataan leikkiä prinsessaa ja kuningasta! Tästä on leikki kaukana, kuninkaallakin on afasia, eipä juuri naurata. Joku kertoo vitsin, suudelma ravintolassa, kaksi tuntia prinsessan aivoperäisistä häiriöistä, niitä tähän kaivattiinkin. Hitaudesta on ollut hänelle hyötyä.

Kuninkaallinen jumppapatja. Den kunglige idrottsklubben. Joukko menninkäisiä ja tumma hyvä haltija, jonka aarteet ovat natsien arkuista. Tavallisen perheen aura murenee viihdepalveluissa.

Jonas tajusi kaiken ja petti Maddea. Norjalaiset koripalloilijat, ruotsalaiset käsi palloilijat ja juudaat, mistään ei seuraa mitään! Paetkaa kun ehditte. Maunu Ladonlukkokin keräsi luunsa Riddarholmenista ja häipyi.

He pohtivat jo, tuleeko puhe kylin hitaasti Danielin korvanappiin. Katsojaluvut on rankattu korkealle.

Äänet iltapäiyässä, kaikki samasa tasossa, samassa pesässä kuin mies, jota he kutsuvat Ötziksi. Hän on oksentanut avaimenperiä ympäri Alppeja. Ehkä CG ajaa viimein Jaggensa seinään...

Vielä draama ei tunne loppuaan. Mutta juna syöksyy tunneliin, se putoaa pimeässä ja ihmisten korvat lukkiutuvat, he nielevät kiivaasti, he huutavat kovemmin kuin koskaan, heitä poraa kaikista kaiuttimista Läkerol, Crown of Sweden.

along with their allotted costs 2500 euros. This doesn't mean a whole lot either. The traces left of us are far uglier.

Actimel: this is impossible to say in clearer terms. We want the best for our children, so we buy sugary milk in cartons for breakfast. Packets of pills, subjective health influences, honesty, a heap of toilet ducks with their bills open.

I lose myself in the festivities. They are raising the value of the monarchy as quarterly figures do for democracy. The blue blood that is offered a peasant with one kidney.

Look at us: we know how to play princess and king here in Sweden! This is far from a game, even the king has aphasia, so don't laugh. Someone tells a joke, a kiss in a restaurant, two hours from the princess's brain-based disorders: as if that was what was needed on top of everything else. Inertia has been to her advantage.

The royal exercise mat. Den kunglige idrottsklubben, the royal sports club. A bunch of gnomes and a dusky good fairy, whose riches are from the Nazis' coffers. An ordinary family's aura crumbles in services to entertainment.

Jonas sussed everything and betrayed Madde. Norwegian basketball players, Swedish handball players and Judases, nothing follows on from anything! Get out while you can. Even Magnus the Barn-Lock picked up his bones from the church on Riddarholmen and cleared off.

They were already considering whether the speech would reach Daniel's earpiece slowly enough. The viewer ratings were high.

Voices in the afternoon, all at the same volume, in the same lair as the man they called Ötzi. He's vomited key fobs around the Alps. Maybe CG[†] will finally drive his Jag into a wall...

The drama still knows no end. But the train rushes into a tunnel, it plunges in the dark and people's ears pop, they swallow furiously, they shout louder than ever, they are penetrated from every loudspeaker by Läkerol pastilles, the Crown of Sweden.

[†] 'CG' refers to King Carl XVI Gustaf who is famous for his love of cars. The 'CG' monogram is seen on the back of Swedish coins.

JONKIN HAJAANNUKSEN YHTÄLÖ

Joskus tapahtuu hyppäys
        Sano minulle miten etsit
  ja kerron mitä

Caesar kulki yli Alppien   Hauslabjochin laidalla
    hänen norsunsa tuhosivat vuorilähteen

Nimi Caesar merkitsee tässä ainoastaan kehystä

Tämä Caesaria koskeva lause on yksinkertaisesti raami

Yhtä hyvin voitaisiin sanoa
Pääni on tällä tavoin kallellaan ja varpaani haroltavat näin

Hyppy   Ikään kuin pallo
          ja täydellinen avaruus

           Eikö olekin: Jotain mitä on filmillä
     ei ole valkokankaalla
       ja jotain mitä on sanoissa
          ei ole siellä

He nousevat rinteelle
koska uskovat omistavansa kohtalonjumalan miekan

Taivaalla vieraita iibiksiä   he eivät tunnista niitä   Nyt

on erisnimiä   Joku toinen ei näe tätä
Jos silmäni olisi vapaana oksan kärjessä

        poskikaari nenä pylvään "lintu" jne.
Sulkisin vain silmäni

Erehdys jota ei voi periaatteessakaan paljastaa   Rinne
          jota ei voi periaatteessakaan laskea

      Onko se erehdys?

Todelllsuuden koordinaatti voidaan määrittää vain kerran

    Onko se melua? Onko se punainen jalka vai hattu?

Kaksoisolentotematiikan maailmoja syleilevä metafyysisyys

      jumbojettien törmäys   spagettiwestern

AN EQUATION OF THE DISSOLUTION OF SOMETHING

Sometimes a leap occurs
                    Tell me how you search
          and I'll say what

Caesar crossed over the Alps   near the Hauslabjoch
          his elephants laid waste to a mountain spring

The name Caesar here merely signifies a frame

This sentence about Caesar is simply a framework

One could just as well say
My head is tilted this way and my toes stick out like this

Leap   Just like a ball
                          and utter space

                    Isn't it: something that's on film
          isn't on screen
                    and something that's in words
                          isn't there

They ascend the mountain
because they believe they possess the sword of the god of destiny

Alien ibises in the sky   they do not recognise them   Now

there are proper names   Someone else cannot see this
If my eye were free at the end of the branch

                    cheekbone nose "bird" on the column etc.
I'd just close my eyes

An error that cannot be revealed as a matter of principle   A mountain
                    that cannot be lowered as a matter of principle

          Is that an error?

The coordinates of reality can only be determined once

          Is it noise? Is it a red foot or a hat?

The all-embracing metaphysics of the theme of the doppelgänger

                    jumbo jets crashing   spaghetti Western

Tämä karhunturkkinen reuhka kuuluu jollekin
tällä vuorella asuneelle

Tällä pinnalla on kaksi väriä ja jälkiä suolinkaismadoista

Kysy jo
Onko Ö esi-isieni galleriassa?

Onko se täyslihainen hovinakki vai pitkä ylivetonakki?
Onko se poropeukalonakki?

Kuvitelkaamme joku joka on elänyt äärettömän pitkän ajan
ja kuvaa meille siitepölyn   Kuvitelkaamme luku
jonka tuloksena joku heittää loputtomasti noppaa

Olettakaamme että vaellamme tasaista pintaa
euklidiseen avaruuteen
ja kohtaamme joka kymmenes metri rautapallon

Taivaalta laskeutuva puukuulien rivi   Ääretön
punaisten moukareiden joukko

metrin etäisyydellä toisistaan   pinnallaan siitepölyä

Laki jota en tunne   Laki kuin joku tahtoisi luokitella pilvet
niiden muodon perusteella   Tämä kappale
on spiraali sen keskeltä

Mutta myös tämä ilmaisutapa
on harhaanjohtava   Onko se melua?   Pieni särö
väkivallan kuoressa?

Jonkin hajaannuksen yhtälö   Kankaalla unelle annetaan siivet

Hypoteesin olemus   Jonkin kohtalo
Vuoren rako   kallon pehmeä aukko   Tallainen esitys antaa lain?

Äärettömän pitkä tie   Tämä ryntääminen   pyrkimys
Tämä hölynpöly   kaikenlainen lörpöttely
Tässä ryntäämisessä ajast'aikaan

On aloitettava erehdyksestä ja astuttava totuuden paikalle
kaikki kollektiiviset erisnimet

This old bearskin hat belongs to someone
who lived on this mountain

This surface has two colours and traces of roundworm

     So ask
             Is Ö in the gallery of my forefathers?

          Is it all-meat courtly chipolata or long-skinned pull-over sausage?
Is it klutzybanger?

Just imagine someone who has lived for an infinitely long time
and is describing pollen to us   Just imagine a number
        that results in someone endlessly rolling the dice

Just suppose that we are wandering on a level plane
                  into Euclidean space
and we encounter an iron sphere every ten metres

A row of wooden balls falling from the sky   An infinite
quantity of red hammers

A metre apart from one another   pollen on its surface

A law I don't know   A law as if someone wanted to classify the clouds
according to their shape   This piece
       is a spiral through its centre

       But this mode of expression
is misleading as well   Is it noise?   A tiny crack
                in the shell of violence?

An equation of the dissolution of something   Wings granted to
   dreams on screen

The essence of the hypotenuse   The fate of something
A cleft in a mountain   soft opening in a skull   Does this sort of
   motion pass a law?

An infinitely long road   This rushing   striving
This rubbish   all sorts of blather
In this rushing into time after time

It's time to start from errors and step into the place of truth
all the collective proper names

kuten esisokraatikot roomalaiset juutalaiset
Kristus Machiavelli   Zarathustra

Kun he huutavat   Kuningas on surmattava
parhaassa miehuudessaan
jotta hänen sielunsa   Erisnimi on aina naamio

Mitä tässä aukossa on tuotettu?
Viisi epäskarppia valoa   terävä leikkaus

Näkökyvyn eloisuus   loputonta vilkuilun halua

        Lumoutunut ihminen
                ei sanan varsinaisessa merkityksessä
        näe yhtään mitään

                * * *

Kuin kasvi elämän kirjassa, jossa nimiämme poltetaan,
ruosteen syömä maa antaa tutkia uhrien varjot.

Hajonneet kasvot betonilla, taivaalla
Johanna Tukiaisen suuret, hyvät, ajettuneet

ja Stephen Elopin – hymyilevät hetken toisilleen
kuin kuolleet palaisivat pitkältä matkalta.

Ajattele ilme, idiootin, kuvittele sitten ihminen
tai Köhlerin apina, joka tahtoo katosta banaanin,

mutta ei ylety siihen. Ajattele, että sinulta kysyttäisiin:
"Mitä piti tapahtua, että päädyimme tähän?"

Jos heidänkin varjonsa avautuu, jos heistä jää
vain katakreesi haudankaivajan silmään,

                antautuisinko tälle
        kuin turha catering?

like the Pre-Socratics the Romans the Jews
Christi   Machiavelli   Zarathustra

When they cry out   The king must be slain
in his prime
so that his soul's   Proper names are always a mask

What's been produced in this opening?
Five out-of-focus lights   a sharp cut

Vividness of vision   endless desire for a glance

      A person under the spell
              in the ordinary sense of the word
      sees nothing at all

* * *

Like a plant in the Book of Life in which our names are burnt,
the rust-eaten land lets us examine the shadows of victims.

Dissipated faces in concrete, in the sky
Johanna Tukiainen's[†] broad, good, swollen

and Stephen Elop's[‡] – they smile at each other for a moment
like the dead returning from a long trip.

Think of an expression, an idiot's, then imagine a person
or Köhler's ape that wants a banana from the ceiling

but cannot reach it. Imagine if you were asked:
"What had to happen to make us end up here?"

If their shadows open out as well, if the only thing left of them
is a catachresis in the eyes of a gravedigger,

          would I devote myself to this
      like unnecessary catering?

[†] Johanna Tukiainen is a Finnish B-list celebrity and a former erotic model.
[‡] Stephen Elop is the CEO of Nokia, a mobile phone manufacturer founded in Finland.

MIELENRAUHAA CD

Kaikki kertyy samaan. Liikun punatiilisten talojen varjoissa ja
tunnen elämäni. Tamä tapahtuu minulle, irtoaminen ja sellainen.

Sen jälkeen kun aloin puhua sielulleni on kaikki ollut moitteetonta.
Ehkä se on tämä epävarmuus, ponnistuksiin vaadittava aika.
Kaupungilla tavataan laitteita, joskin vielä esitetään ihmistä.
Puhutaan palveluista, on tuo tekemisen meininki. Ne joilla
on joustot liikkuvat ketterimmin. Epäilemättä osinkotulo on
tärkeämpää kuin toimeentulo.

Miellyttääkö tämä minua: asiakkuus, asiakasomistajuus,
asiakkaan sitouttaminen? Kansa huumataan, jotta atomien, bensan
ja sushin suhteen olisi rennompaa. Enää on haave puheluiden
mekaniikasta. Se toteutuu kun maailmalle luodaan irtiotto
säädetyistä rajoista. Ajattelua on rikollista ottaa vastaan.

Muutamat kirjailijakuvat huvittavat minua. Isot pahviset naamat
Prismassa hygieniavälineiden lähistöllä. Siellä ne muistuttavat
kuin Mielenrauhaa CD:t, että laatu on hankalaa. Mielikuvitus on
kuollut, tavoissa ei ole valittamista.

Ostan halvimpia omenoita ja tunnen elämäni. Ihmisten juuret
ovat kortilla. Horisontin tuolla ja kortisolin tällä puolen. Aivan
kuin tämä todellisuus ei olisi yhtä todellinen kuin nuhakuume.
Ainutkertaisuus. Vaikka se puuttuu, se kuuluu minulle.

Eno varasti meille suklaapatukat Centrumista, ja kun äiti päätti
palauttaa ne, ei antanut periksi vaan väitti ostaneensa. Joskus
tarvitaan paniikki, jotta arvo ei olisi lyömätön. Sitä tässä yritän.
Harvoin löytää puhelu lumiseen autoon Jumbon parkkikselle. Silti
pidän tyylistä, jolla pankit turhaan soittelevat. Jälkeenpäin voin
pyyhkiä liidun käsistä ja todeta, että opettaminen on loppunut.
Asiakkuus. Paina sitä, kun lähtö tulee.

On mahdotonta sanoa, minkä arvoinen tulevaisuuteni on. Osin
kuljetan sitä taskussani, osin luomillani, pitelen sen päätä kuin
lasta.[†]

INNER CALM CD

Everything converges. I walk in the shadows of red-tiled houses and sense my life. This happens to me, coming loose and things like that.

Since I began talking to my soul, everything's been flawless. Perhaps it's this uncertainty, this era that demands effort. In the city one meets devices, even if being human is still something we portray. We speak of services; they're the hustle and bustle of doing. The ones with elasticities move more flexibly. Share dividends are no doubt more important than a livelihood.

Does this appeal to me: being a customer, customer ownership, customer engagement? The nation is intoxicated so as to be more relaxed about atoms, petrol and sushi. Only the dream of the mechanics of phone calls remains. It will come true when a release from statutory limits is created for the world. Accepting thought is unlawful.

Some author photos amuse me. The huge cardboard faces at Prisma in the vicinity of the cleaning products. There they remind us, like the Inner Calm CDs, that quality is slippery. Imagination is dead; there's nothing to complain about in the methods.

I buy some of the cheapest apples and sense my life. People's roots are few and far between. The horizon is on that side; cortisol is on this one. Exactly as if this reality were not just as real as the flu. Solitariness. Even though it's not there, it belongs to me.

My uncle used to steal chocolate bars from Centrum for us, and when Mum resolved to return them, he didn't give in, claiming instead he'd bought them. Sometimes it takes a panic to keep value from becoming unbeaten. That's what I'm attempting here. It's rare for a phonecall to find its way to a snow-covered car in the Jumbo car park. That's why I like the style the banks use to phone you up in vain. Afterwards I can wipe the chalk off my hands and declare the lesson over. Being a customer. Press here when your departure arrives.

It's impossible to say what the value of my future is. Some of it I haul around in my pocket, some on my eyelids: I hold onto its head like a child's.[†]

† Hirveä elämänjano. Kuin juoppo. kurkkua kuivaa jo aamusta. Kramppaan ja tahdon luoda lisää tätä tekotaidetta, sukeltaa siinä, päästä edes alkuun ja horjahtaa enemmän profetian kuin realismin ja enemmän Pollockin kuin Halosen puolelle, maalata esimerkiksi myrskyn niin ettei ironialle jää lainkaan sijaa – se murskautuu kuin lautta kallioihin – kuvaan liikkeen yhtä aikaa syövereistä ja pakenevalta hiekalta ja vaahtoavan raivon harjalta enkä pelkää, että tämä yhtäaikainen alhaalla ja ylhäällä ratsastaminen ja pirstoutuminen ovat hulluutta tai että on liioiteltua ajatella aalto näin läpinäkyväksi, hyperrealistista pikemminkin; myrskyn nousu, Hokusai, jonka sormia veneet kiipeävät, simultaanisesti venytettynä koko pituuteensa ja joka hetki nykyisyys yhtä itsensä ja vihreän salamoinnin kanssa.

Jano. jatketaan siitä. Aivan ensin sanoudun irti kategorioista, jotka vaikuttivat jo syntyessäni typeriltä. Temporaalinen ja spatiaalinen, tilalle "synti" ja "armo", näin olen uneksinut. Tavallaan tämä on allegoria parannukselle eikä vain tavallaan vaan täsmälleen, juuri sitä se on: viimein tapahtuu jotakin hyödyllistä ja kaikkien kannalta mielekästä. Rakkaus ja painovoima. Ehkä minäkin saan armon levitoida ja pudota.

Jano... Rasismi on rikos, jota kukaan suomalainen kirjailija ei sano ääneen. En tiedä kenelle soittaisin, ehkä jollekin isolle kiholle Ruotsiin, Paul Auster ei vastaa sähköposteihini juuri nyt. Arvasitte varmaan. Luin tämän vitsin päivän Hesarista, pöydällä valtava Henning Mankelin naama, kopioin sen tähän sellaisenaan, dekkaristi kuin unelmieni myrsky, kaikkine uurteineen ja syvällisine silmineen:

Ehdoton ei rasismille. Katsokaapa hänen suupieliään Kiitos, Henning! Rasismi on rikos ihmisyyttä vastaan, eikä kukaan suomalainen kirjailija ole puhunut siitä – saanette kuvan kyvystämme syntiin, ajatteluun ja plagiointiin.

Näinä hetkinä, kun olen nääntyä hengen janoon ja tunnen, ettei kukaan edes tunnista syntiä tai syyllisyyttä tai ahdistusta enkä näin ollen itsekään pääse nauttimaan niistä – sanalla sanoen tämä maa on säälittävä ja typerä ja niin olen minäkin, mutta niinhän ei voi olla, olemme syvällisiä ja sivistyneitä ja sydämellisiä, niin kuin tuo kysymys rasismista, joka on vihdoin saatu esille, kohta maamme älyköt varmasti puivat, onko siitä keskusteltu alkujaankaan tarpeeksi.

Joku luulee, että vitsailen, mutta en. Ihminen ei elä pelkästään ajasta ja tilasta, vaan myös putoamisesta. Tämän seikan huomaaminen on merkittävää, ellei nyt merkittävintä niin ainakin toiseksi tai kolmanneksi merkittävintä tai vähintään kunniamaininnan arvoista. Kaikkien mäkien kohdalla ei vain ole itsestään selvää mennäänkö ylös vai alas, niin nykyaikaisia olemme. Siksi monet käyvät psykologilla ja parhaat kaksilla ja monet matkustavat Intiaan, maaseudulle ja New Yorkiin ja Kreikan saaristoon nähdäkseen tuon mikä ennen on näyttänyt välttämättömältä ja nyt näkyy yhä välttämättömämpänä, kuten pakko kirjoittaa tai naiskennella tai äänestää tai harrastaa ihmismetsästystä ja palvoa kuuta.

Koska minulla on tapana mainostaa itseäni niin kuin kaikilla muilla, kirjoitan tähän nimeni ja kolme sanaa "Arkeen ja juhlaan" – tämä tajunnan räjäyttävä klassikko, jonka varaan myöhemmät suurteokseni on laskettu.

† A fierce thirst for life. Like a drunkard's, my throat is already parched in the morning. I cramp up and have a craving to create more of this fake art, to dive into it, even to reach the beginning and stagger more towards prophecy than realism and more towards Pollock than president Halonen, to paint something like a storm in a way that leaves no room for irony – it is shattered like a raft against the rocks – I simultaneously illustrate the movement of the whirlpools and the receding sand and the crest of foaming fury, and I do not fear that this simultaneous riding up and down and splintering are madness or that it is an exaggeration to think of a wave as being so transparent, more like it's hyperrealist; the breaking wave, Hokusai, whose fingers the boats ascend, simultaneously stretched out full length, and every moment is the present itself along with the green lightning strikes.

Thirst, let's pick up from there. Right at the start I am breaking away from categories that seemed ridiculous even when I was being born. Temporal and spatial, replace with 'sin' and 'grace': that's how I have dreamt. This is sort of an allegory for redemption and not just sort of, but exactly – that's what it is: in the end something beneficial and all-round meaningful happens. Love and gravity. Maybe even I will be granted the grace to levitate and fall.

Thirst... Racism is a crime that no Finnish author will utter out loud. I don't know who I would call, maybe some big shot in Sweden, Paul Auster isn't replying to my emails right now. I'm sure you can imagine. I read this joke in today's Helsinki paper, Henning Mankell's huge face on the table, I'll copy it here just as it is, a crime writer like the storm of my dreams, with all his furrows and his deep-set eyes: A definite no to racism. Look at the corners of his mouth! Thanks, Henning! Racism is a crime against humanity, and no Finnish author has spoken about it – I thought you might get an image of our capacity for sin, thought and plagiarism.

In moments when I'm about to be exhausted by my spirit's thirst and feel that nobody even recognises sin or guilt or anguish and thus I can't enjoy them myself either – to spell it out, this country is miserable and ridiculous and so am I, but that's not how it's supposed to be, right, we are profound and cultured and warm-hearted, just like that question about racism which has finally come to the fore, soon our nation's brightest minds will surely thrash out whether the matters have even begun to be debated sufficiently.

Some may think I'm joking, but I'm not. Mankind does not live by time and space alone, but also by falling. Noticing this fact is significant, if not the most significant then the second or third most significant or worthy of an honourable mention at the very least. Right by every hill it's just not self-evident whether you're going uphill or down, that's how contemporary we are. That's why a lot of people go to a psychologist and the best ones go to two, and a lot of people travel to India, to the countryside and New York and the Greek islands to see what used to seem indispensable and now looks even more indispensable, such as the compulsion to write or womanise or vote or go hunting for humans and worship the moon.

Because I am in the habit of marketing myself the same as everyone else, I'll write my name here and five words: 'for everyday and special occasions' – that mind-blowing classic, which my later masterpieces will be founded on.

PHOTO: JUHA HÄMÄLÄINEN

JANNE NUMMELA

JANNE NUMMELA was born in 1973 in Oitti, Hausjärvi, and still resides there, working as a patent officer in Helsinki. Nummela studied acoustics at the Helsinki University of Technology and computer-assisted composition at the Sibelius Academy. He has published four books of poetry: *Lyhyellä matkalla ohuesti jäätyneen meren yli* [On a Short Trip over a Thinly Frozen Sea], (poEsia, 2006); *frigiditalvi* [frigidwinter], (ntamo, 2008); *Medusareaktorit* [Medusareactors], (ntamo, 2009); and together with Tommi Nuopponen and Jukka Viikilä the poetic encyclopedia *Ensyklopedia* (Poesia, 2011). Mahdollisen kirjallisuuden seura [The Society for Possible Literature] awarded *Ensyklopedia* the prize for the best prose work in 2011.

NÄKY RANNALTA

1

tyttö peuhaa meren aaltopinkassa
mies tarkastelee olutta ja olevaa
nosturinkuljettaja tähystää vesivoimalan turbiinia
nainen kirjoittaa kirjaa talvesta
nukkuva laptop, pieni tropiikki sirisee
poika rakentaa itselleen käpyvankilaa
rantahiekkaan
keltaiseen sadetakkiin sonnustautunut vieras
kummittelee pusikossa
ruskettunut heittää vieheen varmana siitä
että se on pelkkää ajantappamista

2

tyttö kävelee valkoisella hiekalla
niin se nytkin istuu mies rannalla, muovi-istuimella
veden ääressä
nosturinkuljettaja kääntää rautaisen jättiläiskurjen
ja laskee painavan koukun
proppaaja pujottaa vaijerin massapaalien alta
nainen saa miehen käyttäytymään herrasmiehen tavoin
poika saa ahvenen ja vähän moitetta
taskusta löytyy vieraan käsi, repun pohjalta viilto
ruskettunut tarttuu lasiin ja kohottaa sen kuiville huulilleen

3

näin miettii tyttö odottaessaan ja yhä kipeämmin
kuiskii sydän
musta mies onkii kirjavaa kissaa
nosturinkuljettaja valitsee jäätelöä
nainen kuumassa hiekassa on kaunein sommitelma
poika tuntee auringon laskevan aina vain
vieras kuulee veden partaalla kauniin Siggan valittavan
ruskettunut syö herkullisia leivoksia
ystävättäriensä ympäröimänä
rannalla on paljon saksalaisia nudisteja
aurinko on tärkeä D-vitamiinin lähde

THE VIEW FROM THE SHORE

1

A girl frollicks in a pile of sea waves
a man looks at a beer and at being
a crane operator keeps a lookout over the water power turbines
a woman writes a book about winter
a sleeping laptop, a tiny tropic hums
a boy builds himself a pinecone prison
on the beach sand
a stranger garbed in a yellow raincoat
haunts the bushes
a tanned man casts a lure certain that
he's just killing time

2

the girl walks on the white sand
he's sitting on the beach even now, the man, on a plastic chair
next to the water
the crane operator turns the giant iron crane
and lowers the heavy hook
the slinger threads the cable under the bale
the woman gets the man to behave like a gentleman
the boy catches a perch and a little criticism
a stranger's hand in his pocket,
a slash at the bottom of his knapsack
the tanned man grabs a glass and lifts it to his dry lips

3

this is what the girl thinks as she waits, ever more painfully
her heart whispers
the black man is fishing for a colourful cat
the crane operator chooses ice cream
the woman in the hot sand is the most beautiful composition
the boy just feels the sun always coming down
the stranger hears the lament of the beautiful Sigga at the edge of the water
the tanned one eats delicious pastries
surrounded by girlfriends
on the beach are a lot of German nudists
the sun is an important source of vitamin D

4

kullanvaalealla hiekalla keinahtelee nuori tyttö,
aaltojen pehmeitä viivoja
virkapukuinen mies veneessä viittoilee
nosturinkuljettaja työskentelee hyvinkin korkealla
tarkkailee taakan liikkeitä, kaukaa annettuja käsimerkkejä
nainen päättää saako mies lähestyä ja jutella hänen kanssaan
poika saavuttaa vastarannan, kiipeää hiekalle lepäämään
vieras kuluttaa viisi annosta boolia
ruskettuneen pinnassa erottuu lihaksia, jänteitä ja verisuonia
aurinko on aktiivisimmillaan tuhanteen vuoteen

5

tyttö suutelee pienen simpukan pintaa
mies hyppää vaivattomasti kalliolle, auttaa
toisen vierelleen
nosturinkuljettaja muuttuu hiilenmustaksi
ja kuivuu lapsen kokoon
aurinko on tehnyt tehtävänsä, tilanne lähinnä huvittaa
nainen seisoo rannalla mietteissään
mitä tulevaisuus tuo tullessaan
poika on tuskin kahdeksaa, pitkät kiharat
vielä kasvoja reunustaen
vieras ottaa ruohikolla aurinkoa, kivellä seisoo
joku tyhjin kanisterein
ruskettunut pukeutuu monivuotisiin, kultaneuleisiin

6

välillä tyttö nousee seisomaan tähystellen
kaihoisasti horisonttiin
mies kävelee rannalla ja huomaa edessään vanhan pullon
nosturinkuljettaja näkee paljon sellaista, mitä maan päällä ei huomaa
nainen itkee kuinka palmut ja hiekka
tekevät hänet vanhaksi
poika sanoo: täällä on joutsenen pesä
kuoriutuneet poikaset kuolleita
vieras putoaa pesän läpi, kuten poika putoaa
kalliolta ja putoaa yhä
ruskettunut kävelee laiturilla
valkoisen paidan helmat liehuen

4

on the golden light sand a young girl is swinging
the soft lines of the waves
the man in the boat dressed in a business suit waves
the crane operator is working very high up
watching the movements of the weight, the hand signal given from far off
the woman is deciding whether the man can approach
and chat with her
the boy reaches the other shore, climbs onto the sand to rest
the stranger consumes five servings of punch
on the surface of the tanned one muscles, tendons, and blood
    vessels stand out
the sun is at its most active in a thousand years

5

the girl kisses the surface of a seashell
the man leaps carefree onto a rock, helps
the other one up beside him
the crane operator turns coal black
and shrivels to the size of a child
the sun has done its work, the situation is almost amusing
the woman stands on the shore thinking
what the future will bring with it
the boy is barely eight, long curls
still framing his face
the stranger takes the sun on the grass, on a rock stands
someone with an empty canister
the tanned one is dressed in perennials, goldenknits

6

sometimes the girl stands up to look out
sadly at the horizon
the man walks on the shore and sees an old bottle in front of him
the crane operator sees many things that you don't notice from the ground
the woman cries that the palms and sand
are making her old
the boy says: there's a swan's nest here
the hatched cygnet dead
the stranger falls through the nest, like the boy falls
off the rocks and is still falling
the tanned one walks on the dock
the tails of a white shirt blowing

sukellusten välissä on sukeltajalla aikaa
aurinko paistaa lettuja
hauska on auringon lettuja maistaa

7

nyt tyttö kulkee marjatuokkonen kädessään
mies kantaa käärmettä, jonka jakaa kotona kahtia
aurinko kulkee käärmeenkantajan polun poikki
nosturinkuljettaja haavoittuu sala-ampujan luodista
nainen, 44, ajaa Peugeot-henkilöautolla maantietä
noin 50 km / t nopeudella
poika menehtyy elvytysyrityksistä huolimatta
vieras halkaisee pienen valkoisen kiven
ruskettunut vie silmänsä retinatunnistimen eteen
sähkölukko avautuu äänettömästi

* * *

suljen silmäni ja uneksin
        metsäpuro solisee
rannasta vapautunut kyynel
        kala ahne hyppää

renkaat leviävät

        satelliittimaiset koiranputket huojuvat
myrkyllinen sananjalka hiipii
        kaste jähmettyy
    kuuntelen lehtien kahinaa
            keltainen kastanjetti soittaa

kaste epäröi
        pieni orava nukkuu
neljä kurkea laskeutuu
        kolme bambia tervehtivät

tunnen jalkineen alla paksun kielekkeen
    ohdake raapii nilkkaa
sammal ja kuusenneulaset täydellistä rauhaa reunustavat
        luonto säilyy ikuisesti

between dives the diver has time
the sun fries pancakes
it's fun to taste pancakes fried by the sun

7

now the girl is walking with a pint basket of berries in her hand
the man is carrying a snake that he'll divide in two at home
the sun makes its way across the path of the snake carrier
the crane operator is wounded by a sniper's bullet
the woman, 44, drives a Peugeot sedan on the highway
at a speed of approx. 50 km / hr
the boy dies in spite of attempts at resuscitation
the stranger splits open a small white rock
the tanned one places his eyes in front of the retinal scanner
the electronic lock opens without a sound

* * *

I close my eyes and dream
        a forest stream dribbles
    a tear released from the shore
        a greedy fish leaps

rings widen

        satellite-like cow parsley sways
    a poisonous bracken creeps
            dew stiffens
        I listen to the scuffle of leaves
                a yellow castanet plays

dew hesitates
    a small squirrel sleeps
four cranes land
        three Bambis pay their respects

I feel a thick ledge under the footwear
    thistle scratches the shin
moss and fir needles surround complete peace
        nature is eternal

* * *

Jokainen tarvitsee elämäänsä mantelin, tässä se nyt on
Haminassa joka toinen vastaantuleva puhuu venäjää
Porttojen puutarhassa joka kolmas lapsi leikkii tulella
he rentoutuvat katsojiksi omassa näytelmässään
Joka neljäs tutkituista tunneleista on vaarallinen
harvoin ne johtavat sairaalahoitoon
Onko totta, että miehet ajattelevat seksiä joka viides sekunti
Joka kuudes jää ilman
Joka seitsemäs vuosi muuttuu kaikki ihmisessä
se on ammattimaista pyörän uudelleen keksimistä
Joka kahdeksas rivi on voittoisa
Joka yhdeksäs yö putoaa kahdeksan kultasormusta
ne painavat saman Joka kymmenes kuntalainen on koira
Joka yhdestoista sanomalehti on ollut kyseisen tuholaisen saastuttama
Joka kahdestoista lippu on vapaalippu
Joka kolmastoista joulupata-keräyksen sivuillakävijöistä
on tehnyt Pelastusarmeijalle lahjoituksen
Joka neljästoista ihminen on miettinyt liikennevaloissa
Joka viidestoista fyysikko joko harrastaa tähtitiedettä tai sitten ei
Joka kuudestoista autoilija tunnusti tekevänsä rauhallisesti kiusaa
liikenteessä
Joka seitsemästoista nainen on sotaleski
Joka kuudestoista mies kärsii samasta vaivasta
Joka viidestoista minuutti joku kuolee tai menettää raajoja
maamiinojen takia
Joka neljästoista nainen on alkoholin suurkuluttaja
Joka kolmastoista ruotsalaisen valtaeliitin jäsen oli nainen
Joka kahdestoista lukiolainen on kokeillut huumeita
Mies tappaa naisen joka yhdestoista päivä
Joka kymmenes, eli noin 1500 lajia arvioidaan uhanalaisiksi
Yhdysvalloissa nainen joutuu joka yhdeksäs sekunti
kauneusleikkaukseen
Suurissa kaupungeissa joka kahdeksas nuori on ryöstetty
Joka seitsemäs radontalo on löytynyt
Joka kuudes kansalainen kärsii kroonisista kivuista
Joka viides suomalaisnuori järkyttyy netissä
Amerikkalaisista kodittomista joka neljäs on lapsi
Joka kolmas on turvavyöttä takapenkillä
Joka toinen aukeama on mustavalkoinen
Jokainen lumihiutale piirtää oman nimensä
ei taivaaseen eikä maahan, vaan tähän paperille

* * *

Everyone needs an almond in their lives, now here it is
in Hamina every other passerby speaks Russian
In the garden of harlots every third child is playing with fire
they relax, become spectators at their own performance
Every fourth tunnel inspected is dangerous
on rare occasions they lead to hospitalization
Is it true that men think about sex every five seconds
Every sixth one was left without
Every seven years everything about a person changes
it's a professional reinvention of the wheel
Every eighth row is a winner
Every ninth night, eight gold rings fall
they weigh the same
Every tenth inhabitant is a dog
Every eleventh newspaper has been infested by the pests
Every twelfth ticket is a free ticket
Every thirteenth visitor to the Christmas Kettle collection page
has made a donation to the Salvation Army
Every fourteenth person has thought while at a traffic light
Every fifteenth physicist either studies astronomy or not
Every sixteenth driver admitted to having quietly bullied in traffic
Every seventeenth woman is a war widow
Every sixteenth man suffers from the same trouble
Every fifteen minutes someone dies or loses a limb due to landmines
Every fourteenth woman is a heavy consumer of alcohol
Every thirteenth member of the Swedish power elite was a woman
Every twelfth high school student has tried drugs
A man kills a woman every eleven days
Every tenth one, or approximately 1500 species, is believed to be
endangered
Every nine seconds in the United States a woman has
cosmetic surgery
In large cities every eighth young person has been robbed
Every seventh house with radon has been identified
Every sixth Finnish young person on the net is shocked
Every fourth homeless person in America is a child
Every third one doesn't wear a safety belt in the back seat
Every other illustration is black and white
Every snowflake writes its own name
not on the sky or on the land, but on this piece of paper

ANAEROBINEN LAUSE

Liskot että niiden aikaansaamat laineet
ovat syvyyden heijastuksia joiden kautta
tunnetusti lähetetään roskapostia
kunnes sisäinen rauhamme horjuu
ja mieleinen tulos saadaan aikaan
demokratian pelisääntöjen mukaisesti
päätöksentekoon osallistuu aina suuri joukko
ihmisiä periaatteessa kaikki
asiat voitaisiin laskea atomitason
tapahtumista lähtien aivan kuten
kullan keltainen väri on vaalennettu
tavallisimmin nikkelillä
tai palladiumilla sekä joskus silmän
etuosassa harvoin sydämessä
kaihertaa siksi, etten jostakin
syystä halua kuulla sitä ja minulla
on silti tarve sillon tällöin käytännössä
kuitenkin yleensä vaaditaan ainakin
se että toisen tulee olla varsinainen
mikrobipommi kun hän on seissyt
enemmän kuin pari tuntia, mies on
enemmän kuin elämänsä velkaa
entisistä tapahtumista ja uusista
tuloksista ja myös siitä kuinka jokin
pieni korjaus aiheuttaa särön jonka
arvioitu halkaisija olisi noin puolet
runsaan kolmen vuoden lähes yhtäjaksoisen
sukelluksen aikana havaitsemiemme seikkojen
joissa on tapahtunut periaatteellisia
tai käytännön muutoksia kohti laajempaa
syvemmälle menevää rytmistä
sykettä rytmisesti tyhjiin kohtiin
ja lisää tarvittaessa myös nukutuslääkärin
runsaasti energiaa sisältäviä välipaloja
vaikka pikainsuliinia käytettäessä
ei yleensä tarvita muuta kuin liikunnan
yhteydessä ja heti jälkeen syönnin toisinaan
ei päivällä koskaan vaan ainoastaan
kun todelliset tekniset keksinnöt saavat
ansaitsemansa näkyvän paikan kun ne nostetaan
semmoisenaan irti saranoiltaan ja laitetaan
makaamaan kun se ei suostu enää kävelemään
kunnolla ja matelee perästä eikä edes

ANAEROBIC CLAUSE

Lizards, so the waves they result in
are reflections of the depth through which
junk mail is known to be sent
until our inner peace is shaken
and a pleasing outcome is achieved
in accordance with the rules of democracy
decision making always includes a large group
of people in principle all
matters could be calculated at the atomic level
following the events just as
gold's yellow colour is lightened
most commonly with nickel
or palladium and sometimes the eye
in its frontmost part rarely in the heart
nags because for some
reason I don't want to hear it and yet
have a need now and then in practice
however it's usually required at least
that the other person becomes a real
microbe bomb when he's been standing
more than a couple of hours a man is
in debt for more than his life
from previous events and new
results and also how some
small correction results in a crack whose
estimated diameter would be about half
of a good three years of almost continuous
submersion while our perceived circumstances
in which have occurred fundamental
changes of custom toward a broader
deepening rhythmic
pulse rhythmically in empty spaces
and also increase sleep medication as needed
snacks containing abundant energy
even when using fast-acting insulin
are usually not needed except in conjunction
with exercise or immediately after eating sometimes
never in the daytime but only
when true technical innovations receive their
deserved recognition when they are lifted
just as they are off their hinges and placed
lying down since it refuses to keep walking
properly and crawls after you and not even the

ajatusta siitä että voisi mennä
Raumalle juhannuksena mutta
jotenkin käsitin kyllä nyt niin
etten ole oikein pystynyt välittämään
muista kuin todella läheisistä
joita ei ole nähty valkokankaalla
pitkiin aikoihin kenties milloinkaan
ja silloinkin kaikki jatkuu ennallaan
lisäksi mikäli tarjonta ei lavene
vertikaalisesti ja hierarkkisesti ja
muodollisesti oikein päätöksiä
ja esityksiä tehtäessä ja lausuntoja
annettaessa tarkasteltaessa erityisesti sitä
miten tulisi käsitellä joitain ilmenneitä
kaatumisia ja niistä aiheutuvia
häiritseviä oireita tai löydöksiä
erityisesti jos kyseessä on
10-vuotinen sopimus tai sen osa
joka vaihdetaan 5-vuotiseksi sopimukseksi
jos hanke toteutetaan
peltoalueella tai pellon ulkopuolella
jolloin sisäiset mielikuvat luovat
odotuksia ja ohjaavat havaintoja
sävyttäen myös sitä miten ihminen kokee
ja minkälaisen tiedon pohjalta
niin voidaan tehdä
päätöksiä jotka eivät perustu
mihinkään kielelliseen konventioon
vaan maailmanlaajuiseen sopimukseen

runosta **OKEANOS**

1

AWGN-meren rannassa lähellä Shannonin rajaa
periferiassa nimeltä Maa
   kerrostalon kokoiset aallot lyövät rantaan sarjana ykkösiä ja nollia
      rantaniityllä
        käärmehiuksinen nainen katselee maisemaa
     suuren innostuksen vallassa, pieni olento
näkyy kolmen sapattimatkan ja kahden virstan päähän

thought that it could go
to Rauma for Midsummer but
I sort of do understand now, so
that I haven't really been able to care about
anyone but those really close to me
who haven't been seen on a movie screen
for a long time maybe never
and even then everything continues like it was before
plus if the supplies won't go around
vertically and hierarchically and
when making formally correct decisions
and presentations and when reports
are being administered and examined specifically
how you might come to comprehend the demonstrated
falls and their resulting
disruptive symptoms or indications
especially if it's a question of
a 10-year agreement or part of one
that is switched to a 5-year agreement
if the project is completed
in farm fields or outside the fields
when internal mental images create
expectations and steer one's observations
also giving a hint of how a person experiences it
and on the basis of what data
then you can make
decisions that aren't backed
by any linguistic convention
but rather on a world-wide agreement

from **OKEANOS**

1

On the shore of the AWGN sea near the edge of Shannon
in the periphery called Land
    waves the size of multistorey buildings strike the shore in a
        series of ones and zeroes
                in a shore meadow
                a snake-haired woman looks at the landscape
    overcome with excitement, a small creature
appears at the end of a journey of seven sabbaths and two leagues

pituus on syli, pupillin halkaisija kuudesosa sormenleveyttä
                                     paino 50 kertaa aivojen paino
                               kallon tilavuus kolme tuoppia
kuuloalue samaa luokkaa kuin lepakolla
näköalue 50–2000 nm, miljoonat värit kirkkauksien suhteet
                                                     heleä syli
   nainen näkee Siriuksen revontulet, ja jään
V838 Monocerotiksen kraatereiden onkaloissa
                               toistumat ja rytmiaiheet

         hänessä on yksi osa
                         Aadamia, yksi osa
                               poikaa, yksi osa
      hornan tulta. Planeetalla
puhaltavat kovat tuulet. Navakka CCCT-tuuli, 2000 m / s
                               puskee lehtiä
avaruusluotaimet Viking Landers I ja II ovat juuri laskeutuneet
                         kommunikoivat vaivihkaa
      nainen ihailee pinnan tummia laikkuja, pyörremyrskykeskuksia

      Katso
      Eurooppa-kuussa kuohuu
         satametrisen jään alla
         sata kilometriä merta!
      on vuoden lämpimin aika, -55 °C

temmattuna olohuoneesta vuorenhuippujen pakkaseen
         geostrofiseen tuuleen, merenhaudan murtavaan paineeseen
      temmattuna nopeuksiin, suola-aavikolle rakettiautoon suihkuhävittäjään
         TGV-junan ohjaamoon
naisella on levoton tunne

vasta kolmenkymmenentuhannen kilometrin tuntinopeudella
      avautuva maisema
                                     herkistää aistit
      hän alkaa todella nähdä
Katso
      kaikki on ollut tahmaista, paikoilleen pysähtynyttä
valo nopeasti pomppivaa
      kilometrien meren
            syvyydessä
sisäinen ja ulkoinen asettuvat tasapainoon
                   veri lakkaa kuplimasta
                               suonien lävitse
      Hän näkee kilpajuoksun kohti pienuuden

the height is a fathom, the diameter of the pupils one sixth of
    the width of a finger
                    weight 50 times the weight of the brain
                          skull capacity three pints
hearing range in the same class as a bat's
visual range 50-2000 nm, millions of colours relative brightness
                            a bright bosom
    the woman sees the aurora borealis of Sirius, and the ice
in the hollows of the craters of V838 Monocerotis
                    repetitions and rhythmic motifs
        she is one part
            Adam, one part
                boy, one part
    fire of hell. On the planet
strong winds blow. A hard, CCCT wind, 2000 m / s
                  buffets the leaves
space sounders Viking Landers I and II have just touched down
                communicating with difficulty
    she admires the dark patches on the surface, the centres of cyclones

    Look
    on the moon Europa surging
        under a hundred metres of ice
        a hundred kilometres of sea!
    it's the warmest time of the year, -55°C

wrenched out of the living room into the freezing mountaintops
      into the geostrophic wind, the crushing weight of an ocean grave
    wrenched into velocity, a salt desert rocket car jet fighter
        a TGV train cockpit
  the woman feels restless

only at a speed of thirty thousand kilometers per hour does the
    opening landscape
                      sharpen the senses
    she starts to really see
Look
    everything was stuck, frozen in place
the light rapidly bouncing
    a sea of kilometres
            in the depths
internal and external settling into balance
               blood ceases to bubble
               through the veins
      She sees the race toward smallness

kylmyyden nopeuden ytimiä alkaneen

Näin kirkasta syksyä en muista nähneeni:
  vedenpinnan kirkkaus on 12-kertainen Auringon kirkkauteen nähden
  ilma ionisoituu ja tulee hohtavaksi, toimii optisena sulkimena
  lämpötila laskee
      Tämä tapahtuu 15 millisekunnin kohdalla

          keitä meitä vielä on jäljellä?
    lähes kaikki
entä miten on tulkittava tämä hiljaisuus, harmaanimelä snautseri
  kuin hyönteiset puuttuisivat jostakin
  avaruusalusten etäistä jyrinää, TIE-hävittäjän kirkunaa, R2D2:n vihellystä
  valoa, jota ei tahdo sietää

          Kaikki on jakautunut, Auringolla asuu ystävällismielistä väkeä
    pilkkujen sivilisaatio on mietiskelevää
        filosofisesti suuntautunutta
                kuu poistaa pelkoja öisin
                    samoin E.T:n karhea puhetapa
          kuun vaihtaminen toiseen on ponnistus
    liian suuren juuston nieleminen kokonaisena on ponnistus
Kun tämä kirkkain kaupungin universumin lampuista sammuu
tulee kaupungista autio, lämpötila laskee
merellä 36, rannoilla 51 ja mantereella 56
astetta lämpötilaerot tasoittuvat kuukausia
    raivoavissa lumimyrskyissä eroosio pyyhkii
      yli kuolleitten lehdettömien metsien

5

Avaruusalus herättää ahdistusta,
koska täällä on niin hyvä olla

Dionysos on täällä
leijonaharjainen hahmodiversiteetin ja ikuisen uudistumisen jumala

oppi-isäänsä Hermestäkin armaampi
muusien lemmikki

Oi tuokaa fenkoli, hilpeät tamburiinit
ja täplikkäät kauriinnahat

the nuclei of the speed of cold begun

Such a bright autumn as I've never seen:
    the brightness of the water's surface is 12 times the visible
    brightness of the Sun
the air ionizes and becomes radiant, serves as an optical shutter
    the temperature falls
            This happens at the 15 millisecond point

        who of us is left?
    almost all of us
and how should we interpret this silence, a sugar grey schnauzer
    like something lacking insects
    the distant rumble of a spacecraft, the scream of a TIE fighter,
    R2D2's whistle
        light, that you don't wish to endure

        Everything is divided, friendly people live on the Sun
    a civilisation of points is contemplative
        philosophically inclined
            the moon banishes fears at night
                as does ET's rough way of talking
        changing one moon for another is an effort
    swallowing an entire overlarge cheese is an effort
When this brightest of lamps in the universe of the city goes out
the city becomes a wilderness, the temperature falls
on the ocean 36, on the shore 51, and on the land 56
degree temperature differences level out for months
    in raging blizzards erosion sweeps
        over dead, treeless forests

5

The spacecraft awakens anguish,
because it's so nice being here

Dionysus is here
the lion-maned god of diverse character, of perpetual renewal

and most beloved of his master Hermes
the pet of the Muses

Oh bring me the fennel, the merry tambourines
and the spotted deer skin

Oi helistäkää symbaalia mimallonit!
sademetsien linnunkokoiset kuoriaiset

keräävät orkideanmettä Dionysoksen huulille

lausua heksametriä kaakattamatta
haksahduksia, joista jotkut

naurettavia

tutkistella

Dionysoksen huulia

teoksesta **ENSYKLOPEDIA**

ALKEMISTIEN TUNNELIT, imaginaarisia käytäviä, joita var-
haiskemistit kehittivät Rudolf II:n hovista ympäri Itävalta-Unkarin
keisarikuntaa. Käytävien oli tarkoitus salata kulkeminen. Paikoin
he kaivoivat koko maankuoren ontoksi, tarkoituksena perustaa
maanalainen paratiisi. Maan sula ydin oli heille aurinko. Jotkut
heistä olivat niin pitkään maan alla, että menivät naimisiinkin kai-
voksessa ja saivat siellä lapsia. Kun lapset vihdoin pääsivät päivän-
valoon ja näkivät valjastettuja hevosia ja karjanajoa, he pakenivat
huutaen: "Aler Tumacin kosto seikkailijoille!" Alkemisti Maier
kirjoitti kaivoksessa teoksensa Atalanta Fugiens. *jn > kaivoskohtalo
> kulta > lepakoituminen > moottoritiekokemus > pimeäsienestys > Rosen-
kreutz-veljien lukumäärä Euroopassa vuonna 1600 > tie > yleiskulta*

ALKUPINKKI Merivirtauksissa luukala sei vajoaa ja kohoaa. Uima-
rakolla se säätelee ominaispainoaan. Se tuntee veden virtaukset,
liikkeen ja vastuksen. Nyt se lepuuttaa eviään noustakseen uudel-
leen planktonien pyreeseen, makean ja suolaisen veden rajalla.
Luonto ei milloinkaan toista itseään täysin samanlaisena. Silti seitä
ei erota lajitovereistaan kuin tarkka vaaka. Se on veretön ja vaih-
tolämpöinen, ei kylmä eikä kuuma. Tämä vesieläin on muovattu
kaikkein järjettömimmästä aineksesta. Sitä ei ole pidetty arvolli-
sena edes hengittämään puhdasta ilmaa vaan on sysätty mereen ja
pakotettu hengittämään syvyyksien sameaa vettä. Sitä vastaan tu-

Oh ring the cymbals, mimallones!
rainforest beetles the size of birds

collect orchid honey for Dionysus' lips

    to recite hexameter without clucking
                    blunders, some of them

          laughable

                  to study

            Dionysus' lips

from **ENCYCLOPEDIA**

ALCHEMISTS' TUNNELS, imaginary passageways that early chemists developed, leading from the court of Rudolf II throughout the Austro-Hungarian Empire. The purpose of the passageways was to hide their movements. In some places they hollowed out the entire crust of the earth in order to establish an underground paradise. The molten core of the earth was the sun for them. Some of them were so long under the earth that they even got married underground and had children there. When the children eventually made their way to the light of day and saw harnessed horses and driven cattle, they ran away shouting "The vengeance of Aler Tumac on the adventurers!" The alchemist Maier wrote his work *Atalanta Fugiens* in the tunnels. SEE ALSO > *mine fate* > *gold* > *batification* > *the freeway experience* > *mushrooming in the dark* > *number of Rosenkreutz brothers in Europe in 1600* > *road* > *overgold*

PROTOPINK The bony fish known as the saithe rises and falls in the ocean current. With its swim bladder it controls its own specific weight. It can feel the water's currents, movement, and resistance. Now it's resting its fins to rise once more into a purée of plankton, at the border between salt and fresh water. Nature never repeats itself in exactly the same way. Nevertheless, only a precise measurement can distinguish a saithe from others of its species. It is bloodless and variable in temperature, neither cold nor hot. This water creature takes its shape from the most irrational substance of all. It is not deemed worthy even to breathe pure air, but is instead consigned to the sea and forced to breathe the murky water of the depths. It

lee kaikkien simpukoiden ja merimakkaroiden sukukunta, ne ovat luonnon kokeiluja, miehen ja naisen palasia, matkalla toiseen suuntaan. Mutta sei on oikeudenmukaisena rangaistuksena äärimmäisestä tietämättömyydestä määrätty tänne, olemisen äärimmäiselle rajalle, Okeanoksen rannan tuntumaan. *jn > biologinen epäpommi*

HOPUTTAJIA ovat ajurit, piiskurit, kyynärpäätaktikot, puolensapitäjät, hulttiot, huijarit, lutkat ja parittajat. *jn > antityökalu > sutenöörin mustasukkaisuus*

HOUKUTUS Eläimet syntyvät maasta ja epätoivosta. Monet asiat aiheuttavat niissä houkutusta. Satakielen laulu houkuttaa kirjoantiloopin juoksuun. Alruunan tuoksu hätistää korvakoiran. Aurinko vetää kilpikonnan ulos kuorestaan. Keinovalo houkuttaa ankeriaan atraimeen. Vaippasakaalin ääntely eksyttää kafferipuhvelin laumasta. Hyeenakoiran häntä houkuttaa sen vinhaan pyörteeseen itsensä ympäri. Karttaessaan akileioja juovasakaali löytää harpyijan pesäpuun. Muuttohanhen kompassi sekoaa matkapuhelintukiaseman haruksen alla. Kapinmuurahaiskäpy pudottaa suomunsa joutuessaan kaskelotin vatsaan. Takapäähän ammuttu täplähyeena koukuttuu omiin ulospursuaviin sisuksiinsa. Epätoivo houkuttaa merilohen tarttumaan metallipalaan jonka tietää vieheeksi. Epätoivo ajaa moneen pahaan. Samoin nälkä ja rakkaus. Nälissään vie susi lampaan vihille, ainoan joka sitä rakastaa. *jn > Goethe viettelee > kaasuliesi > polte > tarkka tuoksu*

KALISUTTAMINEN on meidän tapamme kimairan hätistelemiseksi. Myös maalaistalojen emännät kalisuttelevat kattiloitaan joskus epätavallisen suurella tarmolla. Kun hamsteri kalisuttaa hampaitaan, se kiroilee. Mitä kovempaa se kalisuttaa, sen vihaisempi se on. Ja mitä vihaisempi se on, sitä herkemmin sen elimissä vaivalla viljellyt ruusut vaurioituvat. *jn > kirous > soittimellisia keittiötarpeita > äänen pitäminen*

MYRKYNMAISTAJAN KÄYTTÖ On ylensyöjiä, jotka eivät niele mitään, mitä arvovaltainen makutuomari ei ole ylistänyt. Paljon kelvollista heitetään pois, ja paljon herkullista hitaasti tappavaa poimitaan syötäväksi. *jn > editoimattomuus > gastronomia > ihania myrkkyjä > maistaminen > solaarisia > ulosteen määritelmä*

MYSTIKON SIEMEN maailman edullisin uusiutuva energialähde. Markkinat, viemärit, merenlahdet tulvehtivat sitä. Kerjäläinen istuu kuppinsa äärellä kuin uimataidoton siittiö. On nähnyt mystikon siemenen virtaavan suotta, ottanut siitä opiksi. *jn > hirtettyjen sperma > jätteiden kaanon > sarven siemen > siemenkerho*

is met by the whole family of shellfish and sea cucumbers, who are nature's experiments, with male and female parts, travelling in the other direction. But as a just punishment for its boundless ignorance it's sent here, to the outermost edge of existence, to a place near Okeanos' shore. SEE ALSO > *biological nonexplosive*

HURRIERS are drivers, whippers, strivers, self-promoters, reprobates, cheats, sluts, and pimps. SEE ALSO > *anti-tool* > *procurer's envy*

TEMPTATION Animals are born from earth and desperation. Many things evoke temptation in them. The song of the nightingale tempts the bushbuck to run. The scent of mandrake flushes out the bat-eared fox. The sun draws the tortoise out of its shell. Artificial light tempts the eel onto the spear. The call of the silver-backed jackal leads the buffalo to stray from the herd. The hyena's tail tempts it to whirl swiftly around itself. In attempting to avoid the columbine, the striped jackal finds the nesting tree of the harpy eagle. A migrating goose's compass is confused by a cell phone transmitter under a guy wire. The cape anteater loses its scales when it finds itself in the sperm whale's stomach. When shot from behind, the spotted hyena stoops to its own gushing entrails. Desperation tempts the salmon to seize on pieces of metal that it knows to be lures. Desperation drives many to evil. So does hunger, and love. In its hunger the wolf leads the lamb to wed, the only one who loves it. SEE ALSO > *Goethe's seduction* > *gas flame* > *singe* > *accute scent*

RATTLING is our way of flushing out chimeras. Mistresses of country houses also sometimes rattle their pots and pans with unusual vigour. When a hamster rattles its teeth, it's cursing. The harder it rattles, the more angry it is. And the angrier it is, the more susceptible the roses that grow in its organs are to damage. SEE ALSO > *curse* > *instrumental kitchen supplies* > *making noise*

USE OF POISON TASTERS There are overeaters who won't swallow anything that hasn't been praised by an eminent judge of taste. Much that is edible is thrown away, and many delicacies that slowly kill are picked and eaten. SEE ALSO > *uneditedness* > *gastronomy* > *excellent poisons* > *tasting* > *solar* > *definition of excrement*

SEED OF THE MYSTIC, the world's most affordable renewable energy source. Markets, sewers, and bays are flooded with it. The beggar sits with his cup like a sperm that can't swim. He's seen the seed of the mystic flow in vain, and taken a lesson from it. SEE ALSO > *sperm of the hanged* > *giant's cannon* > *seed of the horn* > *seed club*

TARKKA TUOKSU tunkkaisen vastakohta, välittömästi mieleen-
painuva ja -palautuva. Laadukas synteettinen tai luonnon hajuste.
Tarkimmat luonnontuoksut: kaskelotin oksennus ja sivettikissan
feromoni. *jn > apatia > houkutus > kukkien sidonta > okkulttisia
seuraamuksia > orkideat > pillun haju sormissa > puutarhajuhla > ratapölk-
ky > sitruunahaukunrajoitin > tunkkainen*

PETOLLISUUS pettävästi vaaralliselta, pahanmakuiselta, myrkyl-
liseltä tai pistävältä vaikuttava. Pettävästi vaarattomalta, hyvän-
makuiselta, herkulliselta tai suloiselta vaikuttava. Erehdyttävyys.
jn > ihania myrkkyjä > myrkynmaistajan tarve > naamioituminen

PIANOLLE SÄVELTÄMINEN Heinrich Neuhausin teoksessa *Pianon-
soiton* taide on etusijalla Chopin, jonka nimi mainitaan 85 kertaa,
seuraavana Liszt 44 kertaa, Beethoven 38, Skrjabin 26, Bach ja Rah-
maninov 24 kertaa kumpikin, Anton Rubinstein 20. Mozartin nimi
mainitaan 17 kertaa, Schumann 16, Tshaikovski 15, Debussy 13,
Brahms 12, Wagner 10, Prokofiev ja Szymanovski kumpikin 9 ker-
taa, Šostakovitš 8 ja Schubert 5 kertaa. *jn > kissalle kalastaminen*

ACUTE SCENT, the opposite of stuffiness, instantly unforgettable and recallable. A high-quality synthetic or natural odour. Most important natural scents: sperm whale vomit and civet pheremones. *SEE ALSO > apathy > temptation > flower wrapping > occult implications > orchids > the smell of pussy on the fingers > garden party > railroad tie > lemon muzzle > stuffy*

TREACHERY, that which seems deceptively dangerous, unsavoury, poisonous, or cutting. That which seems deceptively harmless, savoury, delicious, or sweet. Misleadingness. *SEE ALSO > excellent poisons > need for poison taster > masquerade*

COMPOSITION FOR PIANO In Heinrich Neuhaus's work *The Art of Piano Playing* Chopin comes first, with 85 mentions of his name, next is Liszt, 44 times, Beethoven 38, Scryabin 26, Bach and Rachmaninov 24 times each, Anton Rubinstein 20. Mozart's name is mentioned 17 times, Schumann 16, Tchaikovsky 15, Debussy 13, Brahms 12, Wagner 10, Prokofiev and Szymanowski 9 times each, Shostakovich 8, and Schubert 5 times. *SEE ALSO > fishing for cats*

PHOTO: ANDREAS ANDERSSON

MATILDA SÖDERGRAN

MATILDA SÖDERGRAN was born in 1987 in Korsnäs, Finland. She currently lives in Malmö, Sweden and has recently completed an MA in Translation at Lunds University. Södergran has published three books: her first, *Hon drar ådrorna* [She Pulls her Veins Out] appeared in 2008 from Schildts; *Deliranten* [Delirious], also published by Schildts, came out in 2009; and in 2012 Schildts & Söderströms brought out *Maror (ett sätt åt dig)* [She-Mares (a manner for you)]. This third collection received a literary award from The Society of Swedish Literature in Finland.

dikter ut **DELIRANTEN**

Fortfarande minns jag inte
att jag har glömt bort det här.

*

Jag kan inte välja bort vissa saker. Betydelsen i det är urväxt.
Jag är inte längre på samma plats eller så har jag gjort den till en annan.[†]

*

Det bara faller ur mig, handen faller ur mig och växer inte ur min handled.
Jag använder inte kroppen använder inte blicken som jag skulle se med.

Jag är slarvig i det som är viktigt. Jag slarvar bort ett liv i min avfallna hand.

*

[†] (el. så har jag gjort den till en annan)

from **DELIRIOUS**

I still don't remember
that I've forgotten this.

*

I can't drop certain things. The meaning of this has been outgrown.
I'm no longer in the same place, or else I've made it into another.†

*

Things just tumble out of me; my hand tumbles out of me, not
    growing out of my wrist.
I don't use my body don't use my eyes I ought to see with.

I'm wasteful with things that are important. I'm wasting a life in
    my hand that's fallen off.

*

† (or else I've made it into another)

Jag har hållit tillbaka vätskor.

Kindpåsarna är fyllda av salta stenar.

*

Det behövs en galla när det har gått för långt.

Det är oundvikligt.

Jag har ätit min egen lögn.

*

Flätrappet över ryggen över märket där ryggraden togs ut.

Jag ser hans långa hår. Hans sätt att binda håret.

Han slår mig med flätan över ryggen där den är tom.

*

Ser med ögat nu.

Ser mitt sätt och jag är besviken.

I've been holding back liquids.

My cheek pouches are filled with salty stones.

*

Some gall is required when things have gone too far.

That's inevitable.

I've eaten my own lie.

*

Plaited lash over the back over the spot where my spine was removed.

I see his long hair. The way he ties his hair.

He strikes me with the plait over the empty space in my back.

*

Seeing with eyes now.

Seeing my manner and I am disappointed.

*

Ett fläskigt ömkande upptar mig. Det är nu förlåtelsen ska mynna ut,
men jag myntar enbart ett mantra som ska göra mig igenkännbar i skogen.

*

Mantrat mumlar mellan kvistarna,
motsvarigheten till läspningen som aldrig var min, ändå

liknar jag honom, med det hårda mantrat,
mitt lallande som myntas om och om igen

som en upprepning
som en upprepning

av den lögn som talats in i mig.

*

(Den lögn
jag talat in i mig.)

*

A fleshy pitying occupies me. Now is the time forgiveness should flow forth,
but I am only coining a mantra that will make me identifiable in the forest.

*

The mantra murmurs among the branches,
matching the lisp that was never mine, yet

I resemble him, with this harsh mantra,
my mumbling that's coined over and over again

like a repetition
like a repetition

of the lie that was spoken into me.

*

(The lie
I spoke into me.)

dikter ur **MAROR (ETT SÄTT ÅT DIG)**

Vetefältet var fyllt med sand
det blåste så att man inte kunde höra hundarna skälla.

*

Bara ett knaster
sandkornen som åt av hornhinnan
ja, sandkornen som åt av hörselgångarna s s s s mattrade på trumhinnan.

*

Havet tog sig in på land som ett smatter, regn,
ansiktena blästrades och blödde som bark
(till och med på fälten där de låg och gnagde).

*

Småbröden, vetekransarna, örfilarna låg i smulor runtomkring dem.
Vad de petade sig mellan tänderna för att få bort sanden.

from **SHE-MARES (A MANNER FOR YOU)**

The wheatfield was filled with sand
The wind blew and we couldn't hear the dogs barking.

*

Just a crackle
the grain of sand that ate away the cornea
yes, the grain of sand that ate away the ear canals p p p p pattered
   on the eardrum.

*

The sea made its way onto land like a patter, rain,
their faces were blasted and bled like bark
(even on the fields where they lay gnawing)

*

Biscuits, tea rings, cinnamon buns lay in crumbs all around them.
How they picked between their teeth to get rid of the sand.

* * *

Upplever dig
Upplever dig
tystad av din egen hand.
ha burit hand på dig själv.
(och sanden är i munnen igen,
du får in ett finger mellan läpparna och tömmer.)
Ljuden är släta som smält tenn. Obrutna.
Inte som paralysering utan helt enkelt en oförmåga.

* * *

Du är underlig. Han hjälper dig inte med det.
Gröt runt munnen. I ögonen.
Begrundan över vad som är möjligt att säga (vs. inte säga).
Slätten mellan brösten. Smältdegeln.
Det knastertorra landskapet. Det vissnade vetet.
Torkan som vägrar definiera sig. Etc. Etc.
Ett sätt åt dig.

* * *

En orangutanghona kedjades fast vid en vägg under flera års tid.
Människorna rakade hennes kropp en gång i veckan[†]
Människorna klädde henne i klänning[‡]
Människorna kunde oförhindrat ta henne.

Den mänskliga njutningens gränslöshet.
Hundflokor i en ohejdad hinna över fälten. Du minns inte dina händer.

[†] (len som en barnrumpa)
[‡] (små tunna rosa trosor)

* * *

Experiencing you
Experiencing you
silenced by your own hand.
laid a hand on yourself.
(and sand in your mouth again,
you'll get a finger in between your lips and clear it.)
The sounds are sleek like molten tin. Unbroken.
Not like paralysis but simply an inability.

* * *

You're peculiár. He's not helping you with that.
Porridge round your mouth. In your eyes.
Reflecting on what it's possible to say (vs. not say).
The plain between breasts. The crucible.
The tinder-dry landscape. The withering wheat.
The drought that refuses to define itself. Etc. Etc.
A manner for you.

* * *

A female orangutan was chained to a wall for several years.
The people shaved her body once a week[†]
The people dressed her up in a dress[‡]
The people could touch her all they liked.

The limitlessness of human delight.
Cow-parsley in an exuberant film over the fields. You don't
    remember your hands.

[†] (smooth as a baby's bottom)
[‡] (small thin pink pants)

* * *

Hjärnan plockas ut och undersökes noggrant.
Du har inga referenser för hur man beter sig:
    Du bär ansiktet över skrevet.
    Korsar fältet diagonalt.
    Faller i det torra vetet.
    Du har tagit en väg du inte vanligtvis tar.
    Allting är gult. Du tuggar luften som fradga.
    Det är ibland svårt att tänka på en närståendes skratt.

* * *

Vanbruket av ord.
Det invanda plockandet av frukter.
Hur kan du vara en enda.
Hur kan du vara kontaktbar.

*

Du ska använda munnen till att äta
men missbrukar dess funktion.

*

Det tunga genomblödda skalet.
Frukthalvan trycks mot skrattet.

* * *

A brain is extracted and is carefully examined.
You have no references of how people behave:
 You hold your face over your crotch.
 Cross the field diagonally.
 Fall into the dry wheat.
 You've taken a path you don't normally take.
 Everything is yellow. You chew the air as if foaming at the mouth.
 Sometimes it's hard to think of a loved one's laugh.

* * *

Abuse of words.
The habituated picking of fruits.
How can you be just one.
How can you be reachable.

*

You're supposed to use your mouth to eat
but misuse its function.

*

The heavy blood-soaked rind.
A fruit half-pressed against laughter.

* * *

Hela dagen har varit mörk. Förbjuden.
Böckerna har fallit sönder som fruktkött under tummen.
Det är som om det egentligen är återskapat.
Som om det egentligen redan har försiggått.
Valet av ord. Som om det var en bristsjukdom.

* * *

Hett dis. Fallfrukten sveper marken.
Lämnar spår på människorna, fläckvis.
Den blöta blottade huden. Kärnorna.
Det mörknande fruktköttet.
Du kunde vara en dåre.

* * *

Fruktköttet flyter ut i klumpar, pulpa.
stärker tyget (dvs. kjoltyget, fruntimret, timret)
med socker, sötma, stillhet (dvs. sav, honung, sekret)

* * *

Hennes arm uppsvullen av kortison.
Du använder ord hon inte hört dig säga förut.
Hon påpekar det. Låter dig hålla hennes arm,
det skvalpar som jordgubbssylt under blött smörpapper.

* * *

The whole day has been dark. Forbidden.
The books have fallen apart like pulp under my thumb.
It's as if it's actually been re-created.
As if it's actually already taken place.
Choice of words. As if it were a deficiency.

* * *

Hot haze. Windfall fruit shrouds the ground.
Leaving traces on people, here and there.
The wet, bared skin. The pips.
The darkening pulp.
You might be a fool.

* * *

The flesh runs out in clumps, pulp.
reinforces the fabric (i.e. skirt fabric, womenfolk, folk)
with sugar, sweetness, stillness (i.e. sap, honey, secretion)

* * *

Her arm swollen from the cortisone.
You use words she hasn't heard you use before.
She points it out. Lets you hold her arm;
it squishes like strawberry jam under damp greaseproof paper.

* * *

Du måste fortsätta tänka. Vara uppmärksam.

*

Du spjälker upp morgonen. Du är full i fan.

*

(du flyter ju över dina breddar)

* * *

Du undrar varför huvudet är vidöppet.
Allt har en fadd smak, du äter som om du var tvungen.

*

Du blir smart snart. Snart längtar du inte längre efter att bli idiot.

* * *

You've got to carry on thinking. Being alert.

*

You're busting up the morning. You're full of the devil.

*

(you're bursting your banks, you know)

* * *

You wonder why your head is wide open.
Everything tastes flat; you eat as if being forced.

*

You're getting ever cleverer. So clever you'll no longer long to be an idiot.

PHOTO: LEENA LAHTI

HENRIIKKA TAVI

HENRIIKKA TAVI (b. 1978) hails from Vehkalahti, now a part of Hamina. Her first book *Esim. Esa* [E.g. Esa], (Teos, 2007) won the prestigious *Helsingin Sanomat* First Book prize. Her other books include *Sanakirja* [Dictionary], (poEsia, 2010), *Toivo* [Hope], (Teos, 2011), *Teks-ti-nau-ho-ja – In large, well-organized termite colonies* [Text Threads], (Poesia, 2011, together with Mikael Brygger and the artist group IC-98), and the series of twelve books called *12* (Poesia, 2012). She studied philosophy at the University of Helsinki and is a founding member of the poetry publishing co-operative Poesia. From 2006 to 2010 she also worked for the poetry magazine *Tuli&Savu* (Fire&Smoke), serving as its chief editor with Mikael Brygger.

* * *

Tömistelemme jalkojamme ja hirnumme Juha-Pekan kertoessa vitsejä. J-P ei tajua olevansa kuolevainen.

Neiti on kaunis nainen, mutta vetelää seuraa.

En osaa maalata. Sen sijaan olen musikaalinen.

Riitta Schweinsteigerin aivoihin mahtuu kirjahyllyllinen faktaa. Tunteilulle ei jää sijaa.

Reijo on harvasanainen mies. Avatessaan suunsa hän osuu asian ytimeen.

Anne Desberadesin sopraano saa kirkkoparven värähtelemään. Kahvia hän ei osaa keittää.

* * *

Jepi kuuluu Mensaan. Sosiaalisissa taidoissa hänellä on parantamisen varaa.

Mikkoloilla on aina tosi siistiä. Lakanatkin silitetään. Mielikuvitusta heillä ei ole.

Odotamme taas Lindroosia. Antakaa anteeksi. Hän on taiteellinen.

Herra Knecht on kadehtittavan ahkera. Jos hän jatkaa samaa tahtia, hän palaa ihan kohta loppuun.

Tosikkomaisuutesi johtuu siitä, että ajattelet liikaa.

* * *

We stamp our feet and neigh when Juha-Pekka tells jokes. J-P doesn't realize he's mortal.

The young lady is a beautiful woman but weak company.

I can't paint. Instead, I'm musical.

Riitta Schweinsteiger's brain accommodates a bookshelf-full of facts. No space left for emoting.

Reijo is a man of few words. When he opens his mouth he cuts to the chase.

Anne Desberades's soprano makes the church's gallery tremble. She can't make coffee.

* * *

Jepi belongs to Mensa. His social skills leave a lot to be desired.

The Mikkolas' house is always really clean. They even iron their sheets. They've got no imagination.

We're waiting for Lindroos again. Do forgive him. He's artistic.

Mr. Knecht is enviably industrious. If he carries on at this rate, he'll burn out soon.

You think too much – that's why you've got no sense of fun.

* * *

Jotkin ravuista selviytyivät saaren toiselle puolelle peseytymään ja kutemaan. Loput söivät elämillään lihaa. Puutteellisen ruokavalion takia heidän hampaansa höltyivät, luukudoksensa heikentyi ja vitamiinit jäivät saamatta. Sen sijaan päästettiin Barabbas.

Pidättekö Pietarista? Lasinen kymmenenvuotias ompeli kulkukoiran.

Epätietoisuuden kanssa ei voi elää. Sitten kuolin, sanoi Sokrates.

"Vaikutelma taivaaseen astumisesta", vastasi suunnittelukilpailun voittanut arkkitehti, "saavutettiin liukuportaiden avulla".

* * *

kaksiviivaisesta g:stä karissut kauhtunut kiehkura

 olet kaunis, Anna
 ehdoton kietaisu joka on jalkaa

unohdetaan Purcell painavat samettihousut
 sudenpääsi on reittä mutta
 minä istun räpyttelevällä kaivolla

  Anna

           käännyn
           kannoiltani
  ehkä olen sinuun   karistaakseni
           silmänsä
reisien katveessa ylpeä rankasi tulvillaan neilikoita tuhkaksi
   mutta minä ammennan mykiöstä silmiini

   putoaa olallesi   glissando hymynsä

           neilikanlehdet
           varsiltaan
           varrelleni
           varistaakseni

* * *

Some of the crayfish made it to the other side of the island to have a wash and to spawn. The rest ate meat with their lives. Because of their deficient diet their teeth loosened, their bone tissue weakened and they failed to get any vitamins. Barabbas was let go instead.

Do you like St. Petersburg? A ten-year-old made of glass sewed a stray dog.

You can't live with uncertainty. Then I died, said Socrates.

'The impression of ascending to heaven,' replied the architect who won a design competition, 'was achieved by means of an escalator.'

* * *

a faded swirl shed from a two-lined g

   you are beautiful, Anna
  an unconditional wrapping that's of the foot

let's forget Purcell heavy velvet trousers
  your wolf's head is part of a thigh but
  I sit on a blinking well

     Anna   I turn
            from my heels maybe I
  am into you   to shed
                her eyes
in the shade of thighs your proud stem brimming with carnations
               as ashes
  but I ladle from a lens   into my eyes

  drops onto your shoulder glissando for me to shake

          her smile's carnation
            leaves
         off their stalks
         onto my stalk

* * *

Minä antaisin pois koko sydämeni,
se on pieneksi käynyt ja ahdas
ja veisin Uffille koko sieluni
joka kiristää
ja harakoita, varpusia
ja muita lentäviä otuksia
enää sisääni päästäisin.

Minä antaisin pois vaikka järkeni
se on tällä hetkellä salilla.
Pois hikisen henkeni heittäisin
ja sieluni mullalla peittäisin,
jos puita ja tuulta ja kukkia maan
alkas tulta mun korvista ulos.

EN SIEDÄ KERTOMUKSIA RAKKAUDESTA

Menin metsään

se oli junien ja lentokoneiden risteyksessä
    ja valkovuokkojen ja kauhtuneiden tumppien välissä
siellä kasvoi kissoja sitä säilytettiin peruskalliossa
    tämä tapahtui kanttien ja asfaltin suhteen.

Ristin kivipestyt jalkani lohkaistuun järkäleeseen
missä hattarat katkoviivoin puhuvat kummastaan, joka
meni taas metsään.
Minä menin Olipa kerran graniitissa tuohta
ja ratapihalla muuan erittäin
paras pieni metsä

siellä säilytettiin lähiunia
ja me räiskittiin nuotiota salaisista tumpeista
Olipa koni muotoja on monia

Olipa kerran metsä ja kaniininpesä
    Olipa hitonmoista rusakkoa
Olipa kerran liehuva risti

* * *

I'd give away my whole heart;
small it has grown and cramped
and I'd take my whole soul to Oxfam
as it's too tight
and magpies, sparrows
and other flying creatures
would be the only ones I'd let into myself.

I'd even give away my reason
it's in the gym just now.
My ghost that sweats I'd cast away
and cover my soul with hay
if the earth's trees and wind and flowers
began sprouting from my ears.

I CAN'T STAND STORIES ABOUT LOVE

I went into the forest

it was at the junction of trains and aeroplanes
    and between wood anemones and faded fag-ends
cats grew there, it was preserved in the bedrock
    this took place with respect to containers and asphalt.

I crossed my stone-washed legs into a hewn boulder
where wisps of clouds with dashes talk about their strange, which
went back into the forest again.
I went Once upon a time there was birch bark in granite
and in the railway yard a certain extremely
best small forest

local dreams were preserved there
and we spat at the bonfire from secret fag-ends
There was a nag shapes are myriad

Once upon a time there was a forest and a rabbit warren
    There was a hell of a brown hare
Once upon a time there was a fluttering cross

Oli siinä muovipusi
Olipa ammattitaidon maailmanmestari
Olipa Ilmalaan

Minä menen Minne helikopterit menevät

KEHTOLAULU

Kaukaisuuden peiton alla uinuvat päivät
on rauhan maa niin nollan ja taivaan värinen. Miten

surullinen olenkaan sinun vuoksesi
äiti kun aamun ensimmäinen ajatus tarttuu

päivään vailla tarttumapintaa.
Aivan kohta kuitenkin sumu

josta elämää naarataan esiin
alkaa aaltoilla, minä näen sinun uivan sen

pinnalla, minä näen sinun sen pohjalla uivan.
Miten mahdotonta onkaan surra

seinän pitkä tuijotus
jonka verhojen takana

paistaa sama aurinko. Sen säteiden
peiton alla minä kuuntelen mitä rappukäytävä laulaa:

kaikki mikä virtaa oppii kyllä laulamaan.
Hyvin surullinen laulu

KULTAPUU

Olipa kerran puunkappale.
Mutta sen terälehdet sulkeutuivat vielä tiiviisti.
    Poissaolo liimasi minut itseeni ja saattoi tämän läpi.
    Kuningas oli huolestunut ja otti lisää viiniä.
se nosti siipensä

There was a plastic bag
There was a world champion of professionalism
There was into Ilmala

I'm going Where the helicopters go

LULLABY

Days slumber under the blanket of distance
the land of peace is so the colour of zero and the sky. How

sad I am for you
mother when the morning's first thought grips

the day without a surface to grip.
Still, very soon fog

out of which life is dragged forth
will begin to ripple, I see you swim on its

surface, I see you swim at its bottom.
How impossible to grieve

the wall's long stare
behind whose curtains

the same sun shines. Under the blanket of its rays
I listen to what the stairwell sings:

all that flows will learn to sing.
A very sad song.

A TREE OF GOLD

Once upon a time there was a piece of wood.
But its petals were still tightly closed.
    Absence glued me to myself and led me through this.
    The king was troubled and had more wine.
it raised its wings

ja pienen tytön käsivarrelleen
        ja loistossa ja riemussa he lensivät korkealle
    (sammalmättäitä   (kevään
huntua:)
"Minulla on tytär, joka osaa kehrätä oljesta kultaa."
"Minulla on tytär. Lumi rikkoo alleen unohtuneet ruukut."

Ruukut viedään roskiin. Eikä
uusiin ruukkuihin laiteta uutta multaa,
eikä uuteen multaan kylvetä uusia siemeniä,
mutta varpunen muuttuu kuningattareksi:
"Suurkiitos sinulle, kultainen lapsi",
sairas pääskynen sanoo.

Ja kaikilla on kultaiset käsivarret ja kultaiset korvat
Ja kaikilla on kultaiset hiukset
Pitkä on tämä kevät, hidastus, laahus
Pitkät ovat kasvot
kuin maalatut taulut

LASTU

Niitythän oli aivan ihania,
että niissä kukki päiväkukat sen minä muistan
että kerran tuolla kun oli sellainen peltoaukema
mutta mikäs kasvi se sellainen oli
minkä ympärillä ne perhoset
mikäs kasvi se siellä oli ja
sitten sitä metsää hakattiin ja sitten sitä ei enää ollu
mutta kun mä en muista sen nimee
ehkä mä muistan sen sitten
                            siitä mentiin sillan yli
ja silta vei joen yli ja siinä oli tuomi ja
tuomi sitten kaartui sen joen yli ja sananjalkoja
ja haiseva kurjenpolvi ja laakea kivi polulla
ja mä olen monta kertaa nähnyt unta siitä polusta
toisessa oli hirveesti muurahaisia
toinen oli sellainen ilman muurahaisia
toisessa oli paljon neulasia ja käpyjä mutta se toinen,
se oli hyvin lempee, siinä kasvo päivänkakkaraniitty
siinä vieressä ja siellä erämaassa oli sellainen torppa
isä lähti aina sunnuntaiaamuisin lintuja ampumaan

and a little girl on to its arm
      and in glory and joy they flew up high
  (clumps of moss   (spring's
veil:)
"I have a daughter who can spin gold out of straw."
"I have a daughter. Snow breaks jars that have been forgotten under it."

The jars are binned. And
no fresh soil is placed in the new jars,
and no seeds are sown in the new soil,
but a sparrow is transformed into a queen:
"Many thanks to you, golden child,"
says the sick swallow.

And everyone has golden arms and golden ears
And everyone has golden hair
Long is this spring, a slowmo slog
Long is the face
like painted pictures

THE SHAVING

The meadows used to be really wonderful,
with all daisies there, that I remember,
and there was this sort of clearing at one time
but what was that plant
the one the butterflies went for
what plant was that and
then the forest was chopped down and it was gone
but I just can't dredge up the name
I might have it
          we walked over a bridge from it
and the bridge crossed a river to a bird cherry and
the bird cherry bent over the river and ferns
and smelly cranesbill and a flat stone on the path
and I've had so many dreams about that path,
one had loads of ants
another had no ants
the first had lots of pine needles and cones but the other,
it was gentle, like, it had a daisy meadow
next to it and there was this cabin in the wilderness
Dad went out every Sunday morning to shoot birds

ja kastematoja oli meillä kotona ja
niitähän kerättiin kun oli pitkä siima, se on
semmoinen siima jossa oli paljon koukkuja
ja kerran tällainen siima
oli meidän vintillä kun oli paljon koiranpentuja
ja yks näistä pennuista sai sen siiman huuleensa.

LASTU

Se eroaa laulaen valtatiestä
ja lähtee ikihonkien humajatessa kulkemaan kuin vaivihkaa
halki laulun laajan kotomaan.
Vasta kynnettyinä kuin kylvöä odottaen avautuvat
isien pellot tien molemmilla puolin.
On kevät ja kunnailla lehtii puu,
omenapuut kukkivat, käet kukkuvat ja jossain kaukana soittavat
kotoniityn kellot. Sitten tie kulkee läpi koivikon, salotkin
huokuvat säveleitä oi
ja lintujen laulu soi
lehdossa. Tie kaartaa hieman oikealle ylämäkeen,
nousee ylös vaaralle, jolla vainojen valkeat uhkaa ja väikkyy
ja ylhäällä näkee jo Vuoksen siintävän seljän
ja saattaa aivan kuin kuulla korvissaan laineiden lauluna
loiskuvan. On suvinen sää, käki kukkuu, ja hän tuntee
rinnassaan kaihoa ja taas impeytensä
aukeavan. Vastaan astuu muutamia urhoja
kumpujen yöstä, he rupattelevat hetken muinaiskansojen
työstä, ja sitten neitonen nuori tuo, kaunis kuin kukka
jatkaa laulaen alamäkeä
tietä, joka vie taistohon.
Miten metsä onkaan vihreä.
Miten kohta tuleekaan syksy ja metsän sen vihreän vie.
Pian kenkä alkaa hieman hiertää hänen vasenta
kantapäätään, mutta onneksi hän on vielä nuori
sitkeä kuin vaahteranoksa, ja ollaanhan
jo Karisalmella eikä Imatralle ole enää pitkä matka,
hän ajattelee. Ka pianko mie ts. tie tiensä löytää
kohti oikeata pöytää:
tanssia saa siellä aina, arkena ja sunnuntaina.
Peltoja, vuoria, vihreitä metsiä, kumpuja, jne.
Alkaa sataa lunta, ja talvi peittelee vihreät metsät lumin.
Tyttö kuulee etäältä kosken lauluna kuohuvan.

and we had earthworms at home and
we were always collecting them 'cause we had a long fishing line,
the sort with lots of hooks
and once we had a line like that
in the attic when we had lots of puppies
and one of the puppies got its lip caught in the line.

THE SHAVING

It parts from the main road, singing,
and begins to wander off in the murmuring of ancient pines, as if stealthily,
across song's huge homeland.
Freshly ploughed as if awaiting sowing,
ancestral fields open out on both sides of the road.
It's spring and the trees on the hills are in leaf,
the apple trees in blossom, cuckoos call and somewhere far away,
the bells of the home pasture ring. Then the road passes through birches,
even the backwoods sing
and the birdsong rings
in the grove. The road curves a little to the right, upwards,
climbs on to the top of a hill where the flares of mobs threaten and flash
and up there, already visible, the dim and distant waters of Vuoksi
and you can almost hear the splashing in your ears,
the song of the waves. It is summery, the cuckoo calls, and she feels
a yearning in her breast and her maidenhood
opening again. Several heroes step towards her
from the nocturnal mounds, they chat for a moment of ancient peoples'
work, and then the maiden, young and pretty as a flower,
continues her way down the hill, singing,
on a road that leads to a battle.
How the forest is green.
How soon autumn comes and steals the forest so green.
Soon her shoe will start rubbing slightly at her left
heel, but luckily she's still young
tough as a maple-tree branch, and she's already
in Karisalmi and Imatra isn't far away,
she thinks. Ha, I'm sure to be able
to find my way to the right table:
you can always dance there, on weekdays and Sundays.
Fields, mountains, green woods, hillocks etc.
It starts snowing and winter covers the green woods with snow.
The girl hears the song-like roar of the rapids from afar.

Tullaan sillalle. Tyttö astuu sillalle.
Koski sauhuaa, yö uinuu,
aallot tuudittavat, häntä tuudittavat.
Imatran on koskessa valkeata vaahtoo.
Siellä saa hän rauhassa lepuuttaa vähän jalkojaan.

HÄIVEPERHONEN

Monet perhoset puolustavat elinaluettaan.
Koiras istuu lehvistöstä
kurottavalla oksalla. Se näkee kaiken:
Tai kuin lapsi joka ei ole vielä kokonaan todellinen.
Se näkee kaiken kahtena. Tulvaniityllä olemassa olevan
kissan raato saalistaa kahta lintua, joista toinen on.
Reaalinaaraat ja uninaaraat
munivat pelastuksen ja katkoksen siemeniä
tosipajujen ja valhepajujen pajukkoon.

Kahlaan hiekkakankaalla, joka imee voimani
ja imeytyy vähenemiseeni. Maa ei riehu
on hyvin imukykyinen tiskirätti, ja jos
epätodellisuuden olomuoto on kiinteä
ja todellisuus nestettä, jokin elämässä kiinni oleva käsi
pyyhkäisee ennen pitkää pöydän puhtaaksi.
Vasemman siiven tempaisee myrsky, joka virtaa
mahlana odottamattomasta puusta. Oikean
siipeni kaappaa liiallinen tasanko.
Sen lento näyttää kevyeltä.

SUOKIRJOSIIPI

Tunturipaljakat ja kosteikot kuin
itseensä uppoavat naisenkasvot:
suoniityn keskellä mustavetinen lampi,
vedessä tienpientareiden hiekkaa,
vakavat ja puuskaiset naisenkasvot,
iho kulkeutuu tuulen mukana.

The bridge is ahead. The girl steps on the bridge.
The rapids give off mist, night slumbers,
waves rock her, rock her.
The rapids at Imatra foam white.
That's where she's able to rest her feet awhile.

THE PURPLE EMPEROR

Many butterflies defend their territories.
The male sits on a branch
that stretches out of the foliage. He sees everything:
Or like a child who's not completely real yet.
He sees double. The cadaver of a cat existing
in a flooded meadow chases two birds, of which one is.
Real females and dream females
lay seeds of redemption and rupture
in a copse of real willows and false willows.

I wade on a sandy moor, which sucks my strength
and is sucked into my diminution. The earth does not rage
being a highly absorbent dish-cloth, and if
the condition of unreality is solid
and that of reality, liquid, some hand attached to life
will wipe the table clean before long.
A tempest, which flows sap-like from an unexpected tree,
snatches my left wing. An excessive plain
captures my right wing.
Its flight appears light.

THE NORTHERN GRIZZLED SKIPPER

Treeless fell-tops and wetlands like
a woman's face collapsing into itself;
a black-water pond in the middle of a peatland meadow,
sand from verges in the water,
a woman's face, serious and gusty,
skin drifting along with the wind.

Suokirjosiipi lentää voimakkaasti, säikähtää.
Kuivat laidunmaat ja ketojen läheisyys
kuin havainto että läheisyys on vastavuoroista
keskeytystä ja miniatyyrityranniaa,
sorakuopat, vanhat kalkkiharjanteet.

MIKÄ KOSKETTI MINUA TÄNÄÄN

\ antistaattinen aine / antioksidantti I humektantti I viskositeetin säätäjä \ liuotin I säilöntäaine \ emulgaattori emulsiota stabiloiva aine / opalisoiva aine \ sideaine \ säilöntäaine I puskuroiva aine I kalvonmuodostaja / kosmetiikan väriaine I kelatoiva aine I pinta-aktiivinen aine / puhdistava aine / viskositeetinsäätäjä \ kalvonmuodostaja I absorbentti / pehmentävä aine I hankaava aine / ihoa kosteuttava, hoitava aine I ihoa piristävä aine / ihoa hoitava aine I denaturointiaine/liuotin I opalisoiva aine/paakkuuntumisenestoaine / ominaistiheyttä säätelevä aine I pehmentävä aine / *syöpää ehkäisevä ja vastustuskykyä parantava aine, mutta sen todettiin pikemminkin edistävän kasvainten kasvua* I suunhoitoaine / plakin muodostumista estävä aine I denaturointiaine I pinta-aktiivinen aine / puhdistava aine / vaahtoava aine I hiuksia hoitava aine I hajua tai makua peittävä aine I pehmitin / rasvatasapainoa ylläpitävä aine / puhdistava aine / ihoa hoitava aine I puskuroiva aine / kelatoiva aine I geelinmuodostaja I hajuste I hajua tai makua peittävä aine I deodoroiva aine I uv-säteilyä absorboiva aine I *aineosaa ei ole listattu Eurlexin kosmeettisten aineiden luettelossa* I pehmentävä aine I UV-säteilyä absorboiva aine / auringonsuoja-aine (UV-suodatin) I kalvonmuodostaja I geelinmuodostaja I suojaa koko UVA-säteiden kirjolta I vaahtoava aine I vaahdonestoaine / vaahdonvahvistaja I

POSTIKORTTI

Esa herää joskus siihen,
ettei muutakaan ole.
On kuin hyppäisi silkkiin ja selkeyteen.
Eikä sinua ole, tai missä sitä onkaan
ja missä oikein rauhoittava liuku
sameaan samuuteen.

The grizzled skipper flies with force, takes fright.
Dry pastures and the proximity of meadows
like a realization that proximity amounts to reciprocal
interruption and miniature tyranny,
gravel pits, old lime ridges.

WHAT TOUCHED ME TODAY

\ antistatic agent / antioxidant | humectant | viscosity regulator \ solvent | preservative \ emulsifier emulsion stabilizer / opalizing agent \ bonding agent | buffering agent | film-forming agent / cosmetics colourant | gelatinizing agent / surfactant / cleansing agent / viscosity regulator \ film-forming agent | absorbent / softening agent / abrasive / skincare agent, moisturizer | skin freshener / skincare agent | denaturing agent / solvent | opalizing agent / coagulant / density regulator | softening agent / *substance to prevent cancer and to improve resistance but it was found in fact to promote the growth of growths* | oral hygiene product / plaque inhibitor | denaturing agent | surfactant / cleansing agent / foaming agent / hair-care product / agent to disguise taste or smell / softening agent / fat balancing agent / cleansing agent / skincare agent | buffering agent / gelatinizing agent | gelling agent / fragrance | substance to disguise smell or taste | deodorant / agent to absorb UV radiation | *ingredient not listed in the cosmetics catalogue of Eurlex* | softening agent | agent to absorb UV radiation / sun lotion (UV filter) | film forming agent / gelling agent | protects against the whole gamut of UV rays | foaming agent / anti-foaming agent / foam enhancer |

THE POSTCARD

Esa sometimes wakes up
because there's nothing else.
Like leaping into silk and clarity.
And there is no you, or where's what now again, actually,
and where a truly calming slide
into soggy sameness.

Siitä äkkiä heidät on pingottu irti
ja kumpikin suoriutuu siellä paremmin kuin hyvin
ja myös hyvän paremmalla puolella:
Kaikki on sujunut mainiosti.

Mutta joskus hän herää
   tai missä sinä oletkaan
  kuin siihen kun mikään hidasta
on kuin vieressä pimeä hengitys ihan
  joka makaa koko painonsa yllä

  * * *

Ja hän sanoi minulle kieroja ja säälimättömiä asioita, joiden
piti tulla sanotuksi "minun kehitykseni takia" ja hän jatkoi
estottomuuttaan jota mitkään fraasit ei kuvaa. Jatka vaan,
naura maanrakoon tämä onneton rakennus, se oli joskus hänen
kotinsa ja minä: minun kotini myös. "Totuuden nimissä tämä on
sanottava," ja hän alkoi eikä mikään oikeasti alkanut.

Hänen sanansa kuin tuntemattomat, tapetut Jumalat, maahan
revityt, häpäistyt ruumiit, jumalat kuin kivet, en saa mielestäni
niitä. Ne tosissaan valuttavat joka tuntevan olennon tyhjiin.

Toden totta, mikä autioittava kokemus pakottautua: katsoa silmiin
hänen taideteostaan, niin kuin kutsutte sitä. Mikä taide! Petoteos se
oli.

Niinpä vietin tunnin jos toisenkin tässä näyttelytilassa, vaikka
aika tuntuikin pidemmältä. Ja sitten kuiskasin korvaani – "Ota
aikasi, niin, heippa vaan aika! sun aikas vihdoin saa" – ja
tutkiskelin hänen tyhjyyttään perin pohjaisesti; hänen pahaa
tahtoaan ja hänen rasvattua häntäpimeäänsä ja putosivat
hänen selityksensä tyhjään, jonne ne kuuluivatkin, jonne ne
kaipasivatkin.

Sanotaan että kullakin on olomuoto, jossa viimeisinkin hyvän ripe
on kulutettu: radikaali paha & universumi. Mutta kuinka, kuinka,
hänestä saattoikaan tuntua lähes normaalilta tämä ei minkään
kivun puute. En nähnyt mitään.

"Mitä näet on minä, josta tulee minä", Esa selitti.

Suddenly they've been flung off from there
and each is coping, better than well,
also on the right side of good:
Everything's gone splendidly.

But sometimes he wakes up,
              or where are you,
      he's woken up as if by anything slow
as if dark breathing by his side
         were lying above its whole weight

    * * *

And he said twisted and ruthless things to me, they had to be said
"for the sake of my development" and he went on with his lack of
inhibition which no phrase can describe. Carry on for all I care,
laugh this hapless building into the ground; it was his home once,
and I: my home also. "This must be said, in the interests of truth,"
and he started and nothing really started.

His words like unfamiliar, slain Gods, torn to the ground,
desecrated bodies, gods like stones; I can't get them out of my
mind. They really drain everything out of any being that can feel.

In truth, what a devastating experience to force yourself to look his
work of art, as you call it, in the eye. What art! Beastwork is what it
was.

So I spent an hour or two in this exhibition space, though it felt
longer. And then I whispered in my ear – "Take your time, yes,
hello there, time! Thy time is finally nigh" – and I studied his
emptiness thoroughly; his ill will and the greased dark of his tail
and his explanations fell into emptiness, where they belonged,
where they longed to be.

Some say that everyone has a manifestation in which the last
vestige of good has been spent: radical evil & the universe. But
how, how could it feel almost normal to him, this lack of no pain at
all. I didn't see a thing.

"What you see is me, who becomes me," Esa explained.

* * *

Esa rakentaa dyynimuodostelman ja muuttuu liejuksi.
Esa pääsee pinnalle, jolloin sinne tänne alkaa muodostua
yksityiskohtia tuntosarvista.

* * *

Ja seutu, jota asutimme oli niin kovin miellyttävä, mutta
reunoiltaan oudosti itse.

Niin vartioi valtiotansa valesilmä:
Esan siivet haamulentävät edelleen.

* * *

Esa builds a dune formation and morphs into sludge.
Esa reaches the surface, and that's when, here and there, details
begin to form out of antennae.

* * *

And the region we inhabited was so terribly pleasant, but,
along the edges, strangely self.

So the false eye tends its terrain:
Esa's wings continue their ghost flight

PHOTO: MIKAELA LÖFROTH

KATARIINA VUORINEN

Born in Janakkala in the Häme region in South-
ern Finland, KATARIINA VUORINEN (b. 1976) studied
literature at Tampere University and later settled in
Jyväskylä in central Finland, from where she has trav-
elled the world, while also working at the university
there. She published her first book, *Edith suuteli minua
unessa* [Edith kissed me in my sleep] in 2001. With the
next two books, *Kylmä rintama* [Cold Front], (2006) and
Rouvien ja lintujen talo [The House of Ladies and Birds],
(2010), she became one of the principal poets of the
bohemian publisher Savukeidas. She has also contrib-
uted to several anthologies. A familiar performer at lit-
erary events in Finland and abroad, as well as a teacher
of creative writing, Vuorinen has been the president of
the Central Finland Writers' Union since 2008 and has
worked to establish the Writers' House in Jyväskylä as
part of an international network of literary centres.

KODIN JA LAISKUUDEN LÄKSYJÄ

Rakkaus hoputtaa lapsia, susi ajaa sinua
terävässä maisemassa, puolukoita ja tuulta rätisevässä maisemassa
susi ajaa vaaleaa päätäsi fasaanien ja jänisten seasta
syli ja leikit suljetaan korkeaan aitaukseen.

Ojentelet löytynyttä sanaa, hakkuumerkkiä,
metsä kaatuu mielen pohjalle
ilta petaa maahan olkipatjaa
kuu, kuiva tajunnan sakara roikkuu pohjoisessa.
Kiedot kutisevan huovan ympärille,
pakaroiden punaiset raidat kirjovat
iltaa, pysyt samassa asennossa
ihottuman ja ilmeen sisällä
Ja taas peitoista on paettava.
Metsästä ryöppyää kuumeisia petoja
polkkakaramelleja rinnuksille,
tuuletat savua päästä, käävät hautaavat vanhat puut
saduissa varjosta ja takaa-ajosta, niiden seassa
suostut vihdoin nukkumaan
Ripotat suolaa suokaksi, kertaat taikasanaa, tuhatta sanaa tytöksi.

OTAN KOVEMMIN KIINNI KUIN MUUT RAKKAUDESTA

Vielä riittää valoa kameralle,
joku juoksee pullon saunasta, nuorin kengät jalkaan
Kesä yhä kipinäi, vesiväri sekoittuu ulpukoiden ympärillä
pyyhe kiristyy, kuka minuun tarttuu pinnan alta
talven ruumis, luutnantin käsi.

Ymmärrän vielä mitään
ohutseinäisissä huoneissa käytävistä kahakoista,
lämmöstä joka haihtuu iholta.
Juomat lasketaan,
nuorimmalta housut yhteisin käsin,
aurinko nurin, levät liisteröivät niskaa
kasvit pyyhkivät himon ja kylmän vartaloon.
Viritän vanhan katiskan, rivon laulun,
äidin toiveet tyttärestä,

LESSONS OF HOME AND IDLENESS

Love hurries children along, a wolf chases you
in a sharp landscape, a landscape crackling with lingonberries and wind
a wolf chases your fair head from among pheasants and hares
bosom and games are shut in a tall enclosure.

You stretch out a discovered word, a felling mark,
the forest tumbles to the bottom of the mind
the evening lays a straw mattress on the ground
the moon, a dry point of consciousness, dangles in the north.
You wrap an itchy blanket round yourself,
the red stripes of your buttocks embroider
the evening, you stay in the same position
within a skin rash and a facial expression
And again you have to flee from the covers.
Feverish beasts pour out of the forest
candy canes onto your chest,
you air your head of smoke, fungi bury old trees
in fairy tales of shadow and the chase, among them
you finally agree to sleep
You sprinkle salt to protect you, repeat the magic word, a thousand
    words for girl.

I SEIZE LOVE MORE TIGHTLY THAN OTHERS

There's still enough light for the camera,
someone grabs a bottle from the sauna, shoes on for the youngest
Summer still sparkles, watercolour blends around yellow water-lilies
the towel tightens, who grips me from under the surface
winter's corpse, a lieutenant's hand.

I still understand something
of battles conducted in thin-walled rooms,
of warmth that evaporates off the skin.
Drinks are set down,
and the trousers of the youngest pulled down,
the sun topples, algae paste the neck
plants wipe lust and cold onto the body.
I tune an old fish trap, a lewd song,

viikon päähän päivän jota on vaikeinta kestää
avattua kirjettä, viinin negatiivia.

Keneen minä tartun näin lantiolla, vain tuntemattomat soivat.
Joku puhuu hiljaa, kysyn monta kertaa
miksi hän sysää noita kapuloita väsyneen naisen käsiin,
varistamme maalin itsestämme näin varhain ja surutta.
Syksykö jo, terävä kuuro ajaa taas rannalta,
filmille jää täydellinen kuu, jumalan pakara,
vielä kirjava lokki on pudonnut lennosta, nuori
kuin tärähtävä jää rintalastan alla, kesäleiriläinen.

RISTIÄISSAATTO

I

Älkää pyytäkö katsomaan
Lapsia ristitään, kivirein.
Työntäkö lähemmäs sokkoja käsiä,
niistä on luihin ja köysiin.
Kaivan laseja laukustani, kaivan edes tyhjää koteloa
silmien suojaksi, muovikulhoa kypäräksi,
kananmunien keskeltä katselen vihdoin tyynesti
hoivaa ja biologiaa, harakoita
sadussa jossa metsän pohjalta
alkaa kulkue aurinkoa kohti,
sammaleet ja soisessa maassa kituvat puut
antavat periksi,
kohauttelen noidannuolta:

Minusta ei huolettomasti, unohtamaan itseäni.

II

Harjanvarsi pitää minut seisaallaan
uskovien puheessa.
He lausuvat ilmeestäni hiilihankoa ja pihlajia.
Valun koroilta kipeille päkiöille, preparoin seinää
tikkuisilla silmillä, hankaan hiekkapaperilla
kesiviä onnen ajatuksia
silmäkulmissani pirun maalaukset, minkä verjoa ehdin vetää.

a mother's hopes for her daughter, in a week's time the day that's
    the hardest to bear
an opened letter, the negative of wine.

Whom do I grip this way with a hip, only the unknowns ring out.
Someone speaks softly, I ask many times
why he shoves those batons into a tired woman's hands,
we shake the paint off ourselves as early as this and without a care.
Autumn already? A sharp shower drives from the shore again,
a perfect moon stays on the film, a god's buttock,
a seagull, still mottled, has fallen mid-flight, young
like shaking ice under the breast bone, a summer camper.

BAPTISMAL PROCESSION

I

Don't ask me to look
Children are being baptized, with stone sleds.
Push blind hands a little closer,
they're good for bones and ropes.
I fumble for glasses in my bag, I fumble even if for just an empty case
to protect my eyes, a plastic bowl for a helmet,
from among eggs I finally observe calmly
nursing and biology, magpies
in a fairy tale in which, from the bottom of the forest,
a procession starts towards the sun,
mosses and trees pining in marshy soil
give in,
I shrug my lumbago:

Not in me casually, to forget myself.

II

A broom handle holds me upright
in the talk of believers.
They recite from my expression a poker and rowan trees.
I trickle from heels onto sore balls of feet, I prepare a wall
with eyes full of sticks, with sandpaper I rub
peeling thoughts of happiness
a devil's paintings in the corners of my eyes, a curtain I had time to draw.

Toivon onnea. Ajatuksettomuutta.
Vähitellen lapsessa alkaa metronomin liike,
mailat ja saappaat heitetään kohti
puhe ohentuu naulaksi, raivo vasaroi.
Vähitellen veri sekoittuu,
vahvemmista kaivetaan sakset ja kintaat
ja kuivina säilyneet, puhtaat villat.
Ne unohtuvat räntään tai joku myy.

Kiukku jää saveen pystyyn,
yksi nostaa pudonneen lipun, toinen kaatuu hampaille.
Ja korvista tai murheesta kiskotaan taas ylös.

III

En jää kahden
itkun ja huudon halkeamaan, pakokauhun ohjat käteen.
Katson pakkasen syvälle silmiin, savun paremmaksi.

Viimeisten ihmisten laji on liian näköinen.
Harvoin nostamme vinoon leikatun kuvan lompakosta.
Ettei tekoja jatkettaisi, turhamaisuuttaan ja huonoista hampaista,
laji katkeaa painomerkkiin, sen takana jatkuvat alkutekijät.
Ei enää tyhjään ja soraan tuijottavia,
lopullisia puheita joita poltetaan
huokoisista kirjeistä, huoneista, solmioista jotka näyttävät illan suuntaa.

Odotamme salakapakassa, tölkeissä säilötään kuplia.
Menköön veremme menojaan, itsekkäät syyt.

Meidän päällemme tuli murhe
tai valittavaksi kuohkea, poutainen päivä

Ja lisääntyvät sanovat: menkää. Edellä hämärään.

KOEKANIINI I

näitkö joskus unta nuoteista joita lauloivat vain eläimet
näitkö dorén raamatun toteutuvan kuva kuvalta

te ette puhu totta
jos minä saan mielen irtoamaan

I wish for luck. For lack of thought.
Gradually the movement of a metronome starts up in the child,
bats and boots are thrown towards
speech thins into a nail, fury hammers.
Gradually blood gets mixed,
scissors and mitts are dug out of the strongest ones
and pure wool that has remained dry.
They were left out in the wet snow or someone sells them.

Anger remains upright in the clay,
one raises the fallen flag, the other falls on teeth.
And is dragged up again by the ears or by the grief.

III

I won't stay with just the two of us
in a crevice of crying and a shout, seizing reins of panic.
I look frost deep in the eye, make smoke better.

The species of the last humans is too apparent.
Rarely do we lift a photo cut at an angle out the wallet.
So that deeds do not continue, out of vanity and bad teeth,
the species ceases at the accent, behind its ongoing primary factors.
No more final speeches staring into emptiness and gravel,
speeches that are burnt
out of porous letters, rooms, ties that point in the direction of the night.

We wait in a speakeasy, cans preserve bubbles.
Let our blood go and vanish, selfish reasons.

Grief descended upon us
or, by choice, a fluffy, sunny day

And those who multiply say: go forth. Ahead into the dusk.

GUINEA PIG I

did you ever dream of notes that only animals sang
did you see the realization of doré's bible picture by picture

you do not tell the truth
if I can let my mind loose

teidät irtoamaan päästä joka täyttyi lehmuksista ja auringosta
minussa ei ole yhtään taitosta, te olitte aina sekaisin, murhaaja
on syntynyt kaltevissa vuosissa
parvi sulkenut siivet ja kadonnut oksiston sekaan

te ette pysty puhumaan, minä kerron pakopisteen
te ette voi katsoa, mekon sisällä ei ole ketään

uskoitte taikaan ja naiseen joka oli piirretty läpi voipaperiin
tulitte luokse auliisti kuin paisti, makasitte
osto- ja myyntiliikkeen edessä
etteköhän nyt liioittele, ei teistä näy hautaa tai putousta

ei niin syvää häpeää, ei kuolemaa ole, jotkut uskovat siihenkin

jotkut uskovat rumpujen yhdistävän
ihmisten väsyneen suvun, myöntäkää pois,
puoliso on väärä,
ei teidän pitäisi mennä naimisiin

joskus aurinko tekee teissäkin täyden ympyrän,
ehkä siirrätte valan
talven varjottomaan aamuun
putoatte yöhön kun on jo kiire päivälliselle, poikasilla kiire pesistä
päivät on saatava täyteen, tyhjiksi puhalletut munat kokoelmaan

ja elokuuhun kokoamme talon häviön
höyhenet, tervan, juhlat jotka eivät herkeä
kivi ei putoa otsalta
kaikuvissa maissa, helteessä, metsän sordiinossa
minä viimeistelen teidät,
opettelette pitämään asetta kädessä vielä vuosien päästä

ja me tapaamme taas huomenna,
upottakaa kasvot kylmään veteen, turvotus laskee, kuulkaahan,

tämä se on elämää, tämä on auringon paljastamaa ja polttamaa,
    älkää paetko

käsistä, niistä luettu tuleva alkaa toteutua, minä kannustan
ja hevosten rytmi katoaa lopulta etäisimmistäkin unista

let you loose out of a head filled with linden trees and sunshine
there's not a single fold in me, you were always confused, a murderer
is born in oblique years
a swarm has shut its wings and vanished among the branches

you are incapable of speech, I'll let you know the vanishing point
you cannot look, there's no one inside the frock

you believed in magic and a woman drawn through onto
    greaseproof paper
you came by willingly like a roast, you lay
in front of the second-hand shop
you must be exaggerating a little, you show no signs of a grave or a
    waterfall

there's no shame so deep, no death exists, some believe in it

some believe drums join together
man's tired family, just admit it
the spouse is wrong,
you should not get married

sometimes the sun does a full circle in you, too,
perhaps you defer the oath
till winter's shadowless morning
you fall into the night when you're in a hurry for dinner, the chicks
    in a hurry out of nests
days must be filled, eggs blown empty for the collection

and into August we collect the destruction of the house
feathers, tar, parties that do not cease
a stone does not fall off the forehead
in echoing lands, in hot weather, in the forest's sordino
I put finishing touches to you,
you will still be learning to hold a gun years from now

and we will meet again tomorrow,
immerse your face in cold water, the swelling's subsiding, just listen,

this is what life's about, this is exposed and burnt by the sun, don't flee

from palms, the future read from them begins to be fulfilled, I
    spur you on
and the horses' rhythm finally disappears from even the most
    distant of dreams

kesäpäivät loppuvat emmekä tapaa enää,
lähetän teille soivan linnun
joka ei koskaan pyrähdä tältä pöydältä

yhä uskotte kaiken suusta suuhun, kuka puristi teistä noin ohuen

liuskan paperia, sitä ette valehtele

musta kissa kulkee kaikkien teiden yli
kun makaatte seminaarin portailla,
minussa ei ole varjoa minulla on nälkä, ovet lukitaan
puhutaan että tiloissa liikkuu vieraita ihmisiä
emme ehkä ole täällä ikuisesti vastaamassa syksyn kysymyksiin
huoneissa kiertää joku joka ottaa mukaansa unohtuneet tavarat

MOSTARIN UNET

Kuulen sinun puhuvan, sään kirkastuvan
aukion laidalla, ilma on tyhjä partavedestä ja alkoholista
ja keuhkot ottavat vastaan kylmän aamun
kuin ilmoituksen: seuraavat hetket
elät puhtaana ja hämmästyneenä kuin merestä nostetut oudot elävät,
mitä sitten tapahtuu on kauppiaiden tehtävä, puntareiden,
kadun hiljaiset miehet katsovat ovista
asettavat jokaisen tomaatin paikalleen maailmaan.

Sanot että on unohdettava mitä vuorilla tapahtui
että kaupungissa ammuttiin,
on avattava leuan lukko ja lehti joka on taitettu luukkuun.
Mitä muuta sanot. Tapaamme kuin ymmärtäisimme
kaiken ja emme koskaan.

Mitä muuta, että niin kauan riittää niitä jotka ovat valvoneet yön
kun on keskeneräisiä muistoja ja käsitöitä, tapaamisia
vieraalla paikkakunnalla

rakkauksia joista ei tiedä
putoavatko pääskyjen muuraukset räystäiden alta
katoavatko jäähtyneet varjot seiniltä,
ehjä kuva hehkuu äkkiä auringossa

the summer days end and we no longer meet,
I'll send you a musical bird
which will never take wing from this table

you still believe everything from mouth to mouth, who
        compressed you into so thin

a sheet of paper, that you do not lie

a black cat crosses all the roads
when you are lying on the seminary steps,
no shadow in me
I am hungry, doors are locked
they say strangers move around the building
we may not be here forever answering autumn's questions
someone taking forgotten things wanders round the rooms

THE DREAMS OF MOSTAR

I hear you speak, weather brighten
at the edge of the square, the air's empty of after-shave and alcohol
and lungs receive the cold morning
like an advert: the next few moments
you live pure and astounded like strange creatures lifted out of the sea,
what happens next is the task of traders, of scales,
the street's silent men look out of doorways
put every tomato in its place in the world.

You say what happened in the mountains must be forgotten
that there was shooting in the town,
the jaw has to be unlocked and the paper folded into the slot.
What else do you say. We meet as if we understood
everything and we never will.

What else, that for as long as there are half-finished memories
and handicrafts, meetings in foreign countries,
there will also be those who have stayed up all night

loves of which you do not know
if the swallow's brickwork falls from under the guttering
if the cooled-down shadows vanish from the walls,
an unbroken picture suddenly glows in the sun

ja puristat puhelinta, sen sisällä avaruudessa
sanot kauniisti, nopeasti, terävin reunoin
kuin iho joka on juuri avattu veitsellä, korjataan ja ommellaan.

HÄÄPÄIVÄ

Tästä mennään vihille, en halunnut välttää sitä kohtaloa
varastin naisen vaatteen, raaputin laastiin reiän
tästä mennään tuomarille, ei ole mitään
jolla voisin lohduttaa ystäviäni seuraavalla viikolla

sisäilman pohjalta, sikiön kiepistä, kun kaakelit keinuvat
poskea vasten, pohjassa asuvien kalojen suomut peittävät minut,
pakenen paisunein kasvoin, pakastepussein, hajoavin hiuksin

kun tästä mennään kipuun ja kadorukseen, minkä virheen olen tehnyt
        astuin ovesta jonka kielto ei pelottanut,
astuin sokkeloon, kieltäydyin juoksemasta
otin sähköiskun yhä uudestaan

ja avioon mennään, nainen liimaa silmiäni auki,
maalaa vesivärillä, kaikki haalea käy kohtalosta
ompelija kuulostelee lyhyttä aamua, laskostaa hameen kuuteen kertaan
maksakaa kaikki mitä teille on uskoteltu lehdissä ja liikkuvissa kuvissa

        ehditte käpristyä, myöhästyä,
    tapella, sinertyä, yksinäisyys kääntää peilin seinään
silmät ovat pudonneet ja paperi ei ole enää vuosiin ollut paperia

ja tästä mennään,
revin nimilapun vaatteesta, ripset silmistä
kirjaimet nimestä, minä kaihdettava, väärin maalattu
pöyhitty käki, mitä teen täällä ja koska lähden pois
        kuulinko koskaan ääniä muurin toiselta puolelta
        antoiko peili levätä, kirjoitus
    paloi puhki lampulla sohiessa

sataa maahan päivän kääntöpuolella,
mekko putoaa olkapäiltä, ei liivejä, ei sukkia, sisaria

and you squeeze the phone, inside it in space
you speak beautifully, quickly, with sharp edges
like skin, just opened up with a knife, being mended and re-sewn.

THE WEDDING DAY

I'm heading for the altar, I didn't want to avoid that fate
I stole a woman's clothing, scratched a hole in the plaster
I'm heading for the registrar, I've got nothing
to console my friends with the next week

from the bottom of interior air, from the twist of an embryo when tiles swing
against cheek, the scales of deep-dwelling fish cover me,
I flee with swollen face, with freezer bags, with scattering hair

when I go from here into pain and perdition, what mistake have I made
    I stepped through a door whose restriction did not frighten,
I stepped into a labyrinth, I refused to run
I was electrocuted again and again

and I'm getting married, a woman glues my eyes open,
paints with watercolours, everything pallid passes for fate
a seamstress listens out for the brief morning, pleats the skirt six times over
be sure you pay for everything you've been made to believe in the
    press and motion pictures

        you'll have time to shrivel up, be late,
    quarrel, turn blue, loneliness turns the mirror to face the wall
your eyes have dropped and paper hasn't been paper for years

and here I go,
I tear the name tape off my clothing, the lashes off my eyes
the letters off my name, I, a plumped-up cuckoo, to be shunned,
    painted wrong,
what am I doing here and when shall I leave
        did I ever hear voices from beyond the wall
        did the mirror let me rest, my writing
    burnt through while a lamp was flashing around

rains down into the ground on the reverse side of the day,
the dress falls off my shoulders, no bra, no stockings, sisters

tulva pyöveli pitkävartinen kirves, onko muita tapoja maksaa halusta
kuunnella ja rakastaa, onko tämä ihmisen pää vai kalan pää

ravassa, upoksissa
          vesirutossa ja ulpukassa

          hukuttakaa näkevät, nauravat, kasvot, helmat
                    syvyyteen, loputtomiin mekko putoaa,
          ei ryhtiä, ei rintoja ei naista ihmistä

                    iloa ihmettä ilmamerta

          tämä muisto tästä iäisyyteen,
päivä kaatuu äärettömän merkiksi
nainen joka katosi, mies jota ei ollut tuomittu

kuolemaan, onko muita tapoja
maksaa halusta puhua ja rakastaa, hopealla maalatusta lasista
kuin ystäville kerrottava naurun ala, ilohuone, leikkaava sade
                              vedet ja karit ja myrskyt,
          ettei mitään jää pinnalle
          tämän ei pitänyt olla pelastus kenellekään,
minun ei pitänyt sälyttää surua kenellekään
minun ei pitänyt vastata kun puhutellaan

minä hirtän hiusköyteen naisen joka tämän teki
taitan niskan ja mustan kielen,
minä lopetan naisen tuomarin edessä

ja väistämättömän eteen putoaa hikinen, tärisevä pää,
se tapahtuu enkä astu syrjään, tästä mennään avioliittoon
ja kirotaan että yksikään näki, ehti ottaa silmälasit

rikkokaa kamera, sotkekaa kuvat saveen, kärpäset ja toukat humisevat
että kukaan katsoi, kirjaan merkittiin ja harso putosi,
pyöveli polttaa valkoiseksi kastuneen ihon

pelto, tuuli, pöytä, omena, siksi rakastan sinua, kivetyn,

tarkoituksena oli kuolla ennen rottia jotka kiipeävät ikkunoista
antaa onni, leipä ja reidet, lupa mennä

a flood an executioner a long-handled axe, are there other ways of
    paying for the desire
to listen and love, is this a human or a fish head

in mud, submerged
                in pondweed and yellow water lilies

      drown those who see, laugh, the face, the skirts
           into the depth, into infinity the dress drops,
    no posture, no breasts no woman no human being

        no joy, awe, sea of air

    this memory from here to eternity,
the day falls over as a sign of infinity
a woman who vanished, a man who had not been sentenced

to death, are there other ways
of paying for the desire to talk and love, for a glass painted silver
than the extent of laughter to be told to friends, a room of mirth, a
    cutting rain
                waters and rocks and storms,
    so that nothing is left on the surface
    this was not meant to be a rescue for anyone,
I was not to inflict sorrow on anyone
I was not to answer when spoken to

I will hang the woman who did this with a rope of hair
break her neck and black tongue,
I will finish off the woman in front of the registrar

and the sweaty, trembling head falls before the inevitable,
it happens and I will not step aside, I'm getting married, here I go
and I curse the fact that anybody saw, had time to don their spectacles

break the camera, smear the photos with clay; flies and maggots hum
that anyone should look, the book was marked and the veil fell off,
the executioner burns the skin soaked white

field, wind, table, apple, that's why I love you, I petrify,

the intention was to die before the rats that climb in through the windows
to give out happiness, bread and thighs, a licence to enter

antaa silmät ja viini, periksi, lahjoittaa kokeisiin ruumis
jonka päivän aaveet eivät koskaan anna hengähtää

kuvitella rikkinäistä taivasta, elokuuta ja ikuisuutta

tarkoituksena oli pitää lupaus, läikyttää, ojentaa käsi, korjata tähteet.
tähystysaukot, joiden kautta kerran tarkkailit maailmaa tai
      maailma sinua
molempia odotti vapaus, kasvukauden tiivis rituaali,
historian sattumanvaraisuus kuin tyllihame, sähkövalo, kuhilaat.

VALKOINEN KOHINA

Musta karhu pitää minusta huolta,
kampaa kynsillä hunajaan sotkettua päätä
rakastaa minua jos en koskaan käy metsän ulkopuolella

kahteen kertaan kuolleen metsän
maannousemaan, sahaan

karhu nostaa pään ilmaan
sieraimet ja nenän onkalot hakkuuaukean tuulta täynnä
      silmät pölyä ja siemeniä täynnä, kyyneliä,
valkoiset horsmat kahisevat, syksy tulee.

Musta karhu pitää minussa talinhajuista majaa
jään karvapallon sisään
mulen alle, koirat eivät löydä,
kartan juoksijat, sienten kääntäjät.
Lyhyet polut, talvenrörröttäjät loppuvat äkkiä
siementämään jätetyt puut jatkavat metsän ajatusta

ja etäällä nelikulmainen arjen huone yhä helisee
kellot hälyttävär, vesi kiehuu
pieni pilvi sataa kahvipannussa
pimeän taskupeili jää katsomaan pimeään olan yli.

to give the eyes and wine, to give in, to gift a body for experiments
a body whom the day's spectres never allow to stop and breathe
ritual

to imagine a ragged sky, August and eternity

the intention was to keep a promise, to spill, to reach out a hand, to
     tidy away the scraps
the peepholes through which you once surveyed the world, or the
     world, you
freedom awaited both, a condensed ritual of the growing season,
the accidental nature of history like a tulle skirt, electric light,
     sheaves of corn.

WHITE NOISE

The black bear looks after me,
combs my honey-smeared head with its nails
loves me if I never stray beyond the forest

the forest that has died twice over
of root rot, of the saw

the bear lifts his head into the air
nostrils and sinuses full of the wind of the man-made clearing
     eyes full of dust and seeds, tears,
white willowherbs swish, autumn is coming.

The black bear keeps a tallow-scented cabin in me
I stay inside the furball
under the wind, dogs can't find me,
the map's runners, the mushroom-turners.
Short paths, reeds sticking up through snow, stop abruptly
trees left to seed continue the forest's thought

and far away still chimes the four-cornered room of the everyday,
the bells sound, the water boils
a small cloud rains in the coffee-pot
dark's compact-mirror remains, looking over dark's shoulder.

Pyyhin hengityksen lasista, kiirasilmät ja pisarat,
yhä merkitty elävien kirjaan
     kasvot joissa taivas sulkeutuu
         lumi alkaa pudota koska tahansa
taivas peittyy tuhkaan, en palaa enää kotiin.
     kynsi on vetänyt rajan
sateen arven posken yli.

Pidän karhun kanssa ikuisen talven majaa,
talvehtimisrasvaa, muurahaispesää
    ystävien lautasliinoista taittelemat linnut
    jäävät etelä-suomeen talven yli, höyhenet pöllyävät
hajoavista joutsenista, silmät kutisevat
vanhoissa sängyissä, talven selitys ihmisissä
ja talven pitkät tavat

kutsut jäävät suljettuina pöydälle
ajatukset kurottavat lampun ympärille
sukset ja peijaiset, puhallan sormiin
ahtaassa, valkoisessa onkalossa

nukkuvan karhun karvat tuoksuvat
talvipesälie ja puolukalle, hiusten alla
imetän poikasta, opettelen mustan maidon juustoreseptiä,
    ulkolukua jossa kasvun, korjuun ja kattilan rytmi toistuu
    valkeakuulaan kohtalo toistuu, siemenkota tummuu
        liha muuttuu läpikuultavaksi ja hajoaa.

Olit laskenut kymmenen talviomenaa, käärinyt ne paperiin.
Äkkiä laskemisella tai laulamisella ei ollut merkitystä, piha oli
    kadonnut.
Kuuntelet vieraan puun ääntä, kylmiä hedelmiä
kun ne yksitellen kääntyvät sisäänpäin ja koskettavat
tuuli kohentaa oksia ja muutama putoaa sarjana, tatatam,
kuin ikävän laukka-askel kohti kellaria ja hometta
mustesienet sulavat tärinästä, tömähdykset
ilta illalta varhentuvassa unessa, takapihat ja puutarhat,
    ajatukset
kuin lapsen iltapäivät joissa ei ole alkua eikä tulevaisuutta.

Talja joka levitetään tulen eteen yöksi, nostetaan aamulla selän yli.

Musta karhu opetti minut lukemaan

I wipe breath from the glass, demon-eyes and raindrops,
into the book of the living, still inscribed,
    a face in which the sky closes
        the snow begins to fall at any time
ash envelops the sky, I shall not return home any more,
    the nail has drawn a boundary
  over the cheek of the rain's scar.

We huddle together in the bosom of eternal winter, the bear and I,
wintering fat, anthill.
    birds folded from napkins by friends
    remain in South Finland through the winter, feathers fly
from dissolving swans, eyes itch
in old beds, the explanation of winter in humans
and winter's long ways

invitations lie unopened on the table
thoughts crane around the lamp
skis and bear-killing celebrations, I blow on my fingers
in the narrow, white hollow

the slumbering bear's fur smells
of winter lair and cranberry, under the hairs
I suckle the cub, I study the cheese recipe for black milk,
  learning by heart where the rhythm of growth, harvest, and kettle recurs
  white-bright fate recurs, seed-core darkens
      flesh becomes transparent and dissolves.

  You had counted ten winter-apples, wrapped them in paper.
  Suddenly counting or singing had no significance, the yard had
    vanished.
  You listen to the voice of a strange tree, cold fruit
  as one by one they turn inwards and touch
  the wind lifts branches and several fall in sequence, tatatam,
  like yearning's gallop towards the cellar and mould
  inkcaps melt in the tremor, thuds
  in sleep that is ever earlier from evening to evening, backyards
    and gardens, thoughts
  like the afternoons of a child where there is no beginning nor
    future.

  A skin that is spread out for the night in front of the fire, in the
    morning it is lifted onto the back.

siimeksestä ei pääse korkeaan poutaan, eksynyt haipuu mättäisiin
ja silmiin
karhun kohtaava jähmettyy, silava on jouluna kovaa ja kaunista
ja luut kuivuvat kesän mittaan, rakas, sanat, ihmiset katoavat
kihokkien ja kärpästen uusiin sukupolviin

ja kun kettu juoksee keksityissä ristiäisissä, huiputtaa ja syö
lapsista tulee vasta-alkanut, puoli tyhjä ja pohjia myöten,
sinä tiedät sen, karhu ajaa sinut pois
oksi kääntyy takaisin, tekee talvipesän, lihoo ja hidastuu

kauimmaisissa kirjoissa, toisilla aikavyöhykkeillä
lintunainen tapaa kohtalonsa
kuun luona, tykönä päivän,
taivaan olkapäiltä karhu laskee viereen makuulle

putoan vuodenaikaan laboratorion unista
kuollut kannetaan ulos kengät edellä,
jalat kuluvat juostessa juurikasmaan ja perunamaan ja ruismaan poikki.

Karhu hämmentää pataa, keittää lukemattomia lakanoita
                             piirrän märkiin ikkunoihin
        sanoja jotka nielaisin tuhat vuotta sitten
vastavaloon mustaan valoon illan sokeuteen, rinnassa aurinko ja
        otsalla pilvet
eikä karhu sano sanaakaan, otava ei puhu,

suu on täytetty, lakanat jäätyvät purjeiksi
sydän tärisee paperissa
ja silmistä haalistuvat värikalvot päivän loppuessa
kun karhu hengittää illan varjon huoneeseen
valitsemani sanat murentuvat,
        ele riittää, se nousee kahdelle jalalle

                vie minut talveen

                käpälä painaa
        lämmintä rintaa vasten, varoittaa
            ei saa olla arvaamaton
            palata lähdön tunteeseen

            Sitä iltaa kylän viimeisessä talossa
                    pidän yhä käsivarren mitan päässä
            kohtaloita joissa ei ole mitään selvää

The black bear taught me to read
there is no path from leaf-shades to high noon, you go astray,
    vanish in tussocks and eyes
meet a bear, freeze, lard is hard and beautiful at Christmas
and bones dry up during summer, dearest, words, people disappear
in the new generations of sundews and flies.

and when a fox runs around at the fabricated baptism, cheats and eats
children become an initiation, half-empty and right down to the bottom,
you know it, the bear drives you away
he turns back, makes a winter lair, gets fat, slows down

in the most distant books, in other time zones
the bird woman meets her fate
with the moon, accompanied by day,
from heaven's shoulders the bear descends to lie by my side

from the dreams of the laboratory I fall into the season
the dead man is carried out shoes first,
the feet wear out when running across the vegetable patch and the
    potato field and the rye.

The bear stirs the pot, boils the numerous bedsheets,
                        I draw onto wet windows
        words I swallowed a thousand years ago
into the contre jour into the black light evening's blindness, sun in
    the chest and clouds on the brow
and the bear does not say a word, the plough does not speak,

the mouth is filled, the sheets freeze into sails
the heart trembles in paper
and the irises fade from eyes as the day ends
when the bear breathes the evening shadow into the room,
the words I choose crumble
    the gesture is enough, it rises up onto its hind legs,

        takes me to the winter

           its paw presses
against warm breast, cautioning
    you can't be unpredictable
    return to the feeling of departure

    I still keep that evening
        in the village's last house at arm's length
  destiny in which nothing is clear

tyhjenevää kylää
jossa talot kiertyvät sisäänpäin, ranka kääntyy naisten sisällä
kunnes heitä ei enää näy selkänojan yli
joskus yksi putoaa maahan eikä kävele enää

ja miehiä on
jäänyt palavaan taloon,
hevosen jalkoihin, jäihin,
miehiä on paleltunut, pistetty, karhu raadellut

pyhäaamuna kolmea on lyöty astalolla

kylmät särjet välkkyvät sameassa vedessä
kuolleet vatsa ylöspäin rysässä

Ja pesän perällä
karhu kaipaa leipäsutta,
emäntää, asuttajaa,
pidän karhun kanssa hautuvaa pataa
kynnet mustina pohjan raapimisesta
silmät mustina tarinoista
kampaan polun umpeen

minne aioin mennä
missä katot putoavat hämärään,
kissat kokoontuvat aukiolle

musta karhu kampaa hikisen pään aamuisin
pakkanen tappaa peitoista epämukavat unet
jotka kutittavat meitä, selkää ja kylkiä kulkevat jäljet

painun yhä syvemmälle sängyn keskikuoppaan,
lapsi on tyttö, karhu tietää
suonten ja surun istukka kasvaa vuosi vuodelta painavammaksi

kunnes en saa työnnettyä sitä ulos
karhu on marjassa, makaan ulkona, karhu on eri lajia

annan auringon leikata kontion alamaisen
kahtia, ommella kalastajanlangalla, kivusta
vaihdan leivän ihmisen huutoon, karhun saaliin puurolusikkaan

ja hitaasti, hitaasti alan oikoa rutistunutta kangasta jota rinta on täynnä
auringon palloa joka täyttyy, päivän korkeutta jonka puuskat kantavat
taivaan merkit kestävät, sateet kuvittavat
satua vaatteista joista tuulee, kuulee, kuiskaa läpi.

emptying village
in which the houses turn inwards, the spines twist inside the women
till you no longer see them over the back of the chair
sometimes one drops down and no longer walks

and men
have stayed behind in a burning house,
under horses' hooves, in icy waters,
men have frozen, been stabbed, mauled by the bear

on Sabbath morning three were hit by a cudgel

cold roaches glitter in the cloudy water
dead belly-up in a fyke net

And at the back of the lair
the bear longs for a mistress,
homemaker, settler,
with the bear, I keep the simmering pot,
nails black from scraping the bottom
eyes black from stories
I comb the track closed

where did I intend to go
where do the roofs fall into darkness
cats gather on the square

in the mornings the black bear combs my sweaty head.
the cold kills the unpleasant dreams
which make us itch from the quilts, marks travel over our backs and sides

I press ever deeper into the central hollow of the bed
the child is a girl, the bear knows
from year to year the placenta of veins and grief grows heavier

until I can't push it out,
the bear is picking berries, the bear is of another kind

I let the sun cut the bear's vassal
in two, sew up with fisherman's twine, out of pain
I exchange the loaf for the cry of the human, the bear's prey for the porridge spoon

and slowly, slowly I begin to smooth down the rumpled fabric that fills
my breast
the filling ball of the sun, the height of the day, carried by gusts
the signs of the sky endure, the rains illustrate
a fairytale of clothes the wind passes through, you hear through,
whisper through.

PHOTO: HEINI LEHVÄSLAIHO

JUHANA VÄHÄNEN

JUHANA VÄHÄNEN (b. 1982, Jyväskylä) is a poet and prose writer from Helsinki. He spent his youth on a farm in Petäjävesi near Jyväskylä, and moved to Turku to study Finnish literature but switched to the University of Helsinki in 2005, the same year his first book, *Cantorin pölyä* [Cantor's Dust] appeared from Savukeidas. After doing a stint from 2004 to 2006 on the editorial board of the poetry magazine *Tuli&Savu* [Fire&Smoke], he published two prose works, *Kakadu* [Cockatoo], (ntamo, 2007) and *Nilkka* [Ankle], (ntamo, 2010) and, between them, his second book of poems, *Avaa tule* [Open Come], (Teos, 2008). One of the key figures of the new experimentalism, Vähänen is also known for his poetry blog 'BigSur ja Surreal', which he considers as one of his major works.

* * *

vanha mies istuu ohjaajantuolissa terassilla
ja lukee kirjaa   ja kaivertaa lusikalla pöydällä olevaa ananasta

silloin alkoi ensin jolloin jonka jälkeen sitten ennen seuraavaksi
kun he laskeutuivat portaita jo kuoleva kerran sitten heidän
vuoronsa alkoi ennen kuin aikana ja sitten ja kuin ensin
myöhemmin lähettää viimeisenä niin kuin aina ennenkin sitten ja
sitten se oli ohi

koska vain profiili ja

ja sitten

muutamia kappaleita aiemmin hän katsoi kohti suoraan
ehdottomasti kulmassa tarkoittaen ymmärtäen suoraan
valonmukaisesti hiukkaset suoraan ehdottomasti

valokuvassa valokuvassa rakeisessa valokuvassa suuri ystävällinen
riehakas semioottinen lempeä älykäs turkkimainen lasinen
arkkitehtoninen geometrinen katsoo suoraan rakeinen ystävällinen
hymyilevä irvistävä puussaistuva maassamakaava sängyllämakaava
viltillämakaava hiukkaskiihdytetty lingvistinen ystävällinen raivoisa
kiihkeä geometrinen matemaattinen kissa katsoo aivan samalla tavalla

kaikenlainen vakavuus lakkaa olemasta jotta tarina jatkuisi

kuinka lähelle Kohler tuli kuinka lähelle Mahler tuli kuinka
lähelle Green tuli vihreine viiksineen kuinka lähelle viulua
soittava Adler tuli kuinka lähelle Mahler tuli kitaroineen ja
paksuine sormineen kuinka lähelle Borges tuli kynineen kuinka
lähelle Himmler tuli aurinkoineen ja tähtineen kuinka lähelle
Shelter tuli miimikkoineen kuinka lähelle Haller tuli omenoineen
kuinka lähelle Danter tuli tarinoineen kuinka lähelle Hunter tuli
omituisuuksineen kuinka lähelle Demer tuli hiuksineen kuinka
lähelle Zanter tuli houreineen kuinka lähelle huutava Camer
tuli kuinka lähelle itkevä Benter tuli kuinka lähelle Genter tuli
pistooleineen kuinka lähelle Xenter tuli pelikortteineen kuinka
lähelle Qenter tuli piippuincen ja kirjoineen

kaksikymmentä vuotta sitten lause Gassin esseessä sai
kirjaimellisesti hänen vatsansa
"… consciousness, as I've already observed, is nothing… no thing;
because one gunnysack full of Polish teeth makes up more room in
the world than all the agony of their extraction."

* * *

an old man sits in a director's chair on a terrace
and reads a book   and carves at the pineapple on the table with
a spoon

back then it began first when after which before then the next time
they went down the stairs already dying at one time their turn
began before that time and then and like at first later it sends last
as always before then and then it was over

because just a profile and

and then

a few segments earlier he looked straight out definitely at an angle
meaning understanding straight with the light particles straight
definitely

in a photograph in a photograph in a grainy photograph the big
friendly boisterous semiotic gentle intelligent furry bespectacled
architectural geometric looks straight out the grainy friendly
smiling grinning tree-sitting ground-lying bed-lying blanket-lying
particle-accelerated linguistic friendly furious intense geometric
mathematic cat looks out the very same way

all seriousness ceases to be so the story can continue

how close Kohler came how close Mahler came how close Green
came with his green whiskers how close violin-playing Adler
came how close Mahler came with his guitar and his thick fingers
how close Borges came with his pen how close Himmler came
with his sun and stars how close Shelter came with his mime how
close Haller came with his apples how close Danter came with
his stories how close Hunter came with his peculiarity how close
Denter came with his hair how close Zanter came with his whores
how close the shouting Canter came how close the weeping Benter
came how close Genter came with his pistol how close Xenter
came with his deck of cards how close Qenter came with his pipe
and his books

twenty years ago the sentence in Gass's essay literally made his
stomach
"… consciousness, as I've already observed, is nothing… no thing;
because one gunnysack full of Polish teeth takes up more room in
the world than all the agony of their extraction."

sininen sukellusvene joskus silloin aikoinaan ennen kuin
huomattuna nähtynä havaittuna ymmärrettynä edeltävänä
edellytettynä oliona ennen kuin aikana silloin

silloin joskus hän katseli aallonmurtajaa ja kuvitteli olevansa olemassa
hän näki hänet silloin puutarhassa
hän tahtoi että hän unohtaisi sen hänen itsensä takia
kolmeen vuoteen ei kovinkaan paljoa riitoja
hän katseli häntä ja hän
soitti mandoliinia ja kitaraa ja lauloi ja hän nauroi usein ja lauloi ja
soitti huilua
ja he etsivät kartan ja kävelivät vuorille ja katselivat alas ja kävelivät
alas jälleen kuin silloin joskus aikoinaan ennen kuin

he ymmärsivät kuinka asiat olivat jonka jälkeen he eivät enää nähneet

missä siniset pullot eivät odottaneet enää pöydillä missä
rhododendronit kukkivat missä valaanraaro ajautui rantaan
missä näkivät tarjoilijattaren hymyilevän pilveä polttaneelle
naiselle ja missä milloinka ennen kuin näkivät auringon minkä
jonka näkivät ylhäällä kuin suuren pisteen näkivät ja missä kissa
asteli pois ja näkivät sen päätepisteen mutta eivät vielä matkansa
päätepistettä missä vihreät pullot puolillaan valkeata nestettä ja
olutpullot tsekkiläistä olutta pilsner urquell ja mikä mikä olikaan
ollessa silloin aikoinaan ennen kuin myöhemmin olikaan ollut
jolloinka palmut ymmärsivät kasvaa ylöspäin juuret alaspäin
kohti ydintä missä supermarketissa jokin lapsi juoksi ympäriinsä
ja katseli kaikkca missä jolloin aamut tulivat nopeasti ja menivät
pois nopeasti missä flyygeli kuului jostakin ja lakkasi äkisti
missä milloinka kerääntyivät rannalle milloin pesusienet mill
oin mitkäkin leväkasvustm simpukat kivet pesusienet meduusat
mitkä tahansa mistä tahansa missä krokotiili roikkui huoneen
katossa kuin jokin jumala

kaksi kappaletta myöhemmin hän lukee päivän sanomalehteä ja
kaivertaa lusikalla pöydällä olevaa ananasta ja piippu savuaa pöydällä
ja hänen kulmakarvansa kohoavat hitaasti ja laskeutuvat taas

kaikenlainen vakavuus lakkaa olemasta jotta tarina jatkuisi

john lennon lauloi ja kaikki kuulivat sen silloin aikoinaan joskus ei
enää nyt hän on kuollut
kuollut kuin kuollut ja jäljellä ovat vain todisteet paperit arkistot kuvat
steinbeck on kuollut

a blue submarine sometime then at one time before as a noticed
seen perceived understood preceding prescribed creature before at
that time then

sometime then he watched the breakwater and imagined himself existing
he saw him then in a garden
he hoped he would forget it for his own sake
for three years not terribly many arguments
he watched him and he
played the mandolin and guitar and sang and he laughed often
and sang and played the flute
and they looked for a map and walked to the mountains and
looked down and walked
down again like sometime then at one time before

they understood how things were after which they didn't see anymore

where the blue bottles no longer waited on the tables where the
rhododendrons bloomed where the dead whale was washed up
on the beach where they saw the waitress smiling at the woman
blowing clouds of smoke and wherever before they saw the sun
that which they saw above them like a great point they saw and
where the cat strode away and they saw its end point but not yet
its journey's end point where the green bottles half full of white
fluid and beer bottles full of czech beer pilsner urquell and what
whatever is was being then at one time before however later it
was maybe when the palms understood to grow upward roots
downward toward the core where in the supermarket some child
ran around and watched everything where when the mornings
came quickly and went away quickly where a piano was heard
somewhere and stopped suddenly wherever they gathered on the
shore when the sponges whatever the algae blooms clams rocks
sponges jellyfish anything from anyplace where a crocodile hangs
from the ceiling like some god

two segments later he reads the daily newspaper and carves at the
pineapple on the table with a spoon and his pipe smokes on the
table and his eyebrows slowly rise and then fall again

all seriousness ceases to exist so the story can continue

john lennon sings and everyone hears it then at one time sometime
not anymore now he's dead
dead as dead and all that's left are records papers archives pictures
steinbeck is dead

...

hän kirjoitti esseekokoelman "kaikkialla kiemurtelevalla rannalla"
hän kirjoitti dialogin "palmujen muoto" jota ei ole julkaistu
hän kirjoitti dialogin "katkenneet kielipelit" jota ei ole julkaistu
80-luvulla hän kirjoitti lyhytproosaa ja runoja atlantic monthlyyn
ja west coast review:hin
mm. "runoja haureudesta"
      "muutamia runoja muistikirjasta"
      "mandoliinimandariini"
80- ja 90-1uvuilla hän kirjoitti lyhytproosaa ja esseitä harper's
magazineen ja runoja new american writing:iin
mm. "minut listi viulisti "
      "ymmärtäkää minut väärin niin minä ymmärrän teidät oikein"
      "poliittinen on ja oi "
      "pöydillämme olevat pullotetut ajatukset "
      "viimeinen säe vertautuu kaikkeen edeltävään"
      "huviajelulla j. lotmanin kanssa"
hän kirjoitti romaanin "sininen sukellusvene"
hän kirjoitti romaanin "tiheäsilmäinen espanjalainen"

eivät täysin väärässä mutta silti silmä äännettynä kuin erotettuna
siitä mitä on ollut kenties olisi ollut jonkin olion silmä osa
suurempaa olioiden luokkaa joka missä yksinkertaisesti
viittaa johonkin katse hän näki hänet silloin puutarhassa mikä
yksinkertaisesti on katse yksinkertaisesti hengitys joka tiivistyy
tulee kiihkeämmäksi romanttinen mutta toisella tavalla ei-
romanttinen on romanttinen parhaimmillaan ollut olisi ollut
joskus kenties aritmetiikka selkeä mikä olisikaan ollut laskiessa
kaavoja paperille taululle mielelle mikä olisikaan ollut hänen
takiaan että hän unohtaisi olisi unohtanut mikä olisikaan ollut
dostojevski pushkin mikä olisikaan ollut pistooli mikä olisikaan
ollut laskiessa kätensä puukahvalle tunne on sairaus olisi ollut
kiihkeys on tuomittavaa olisi ollut suurin mahdollinen määrä
haihtua hukkua hävitä kadota ilmestyä jälleen jostakin joksikin
jollaiseksi puutarhaan kulman taakse supermarketiin juomahyllyn
viereen coca-colan pepsi-colan viereen moskovaan kapkaupunkiin
ajattomaan tilattomaan mikä olisikaan ollut ollessa silloin

kuten kaikki ennen häntä hänkin ei mikä olisikaan ollut
kuunnellessa puhdasta monologia mikä olisikaan ollut pelatessa
shakkia football ia baseball ia mikä olisikaan ollut vihatessa
joukkuepelejä silloin ollut olisikaan ollut mikä olisikaan ollut
kadonnut pallo katolle joutunut pallo kuin tavoittamaton kuvitelma
mikä olisikaan ollut säkeitä mikä olisikaan ollut kuunnellessa

…

he wrote the essay collection "everywhere on the winding beach"
he wrote the dialog "varieties of palms" which hasn't been published
he wrote the dialog "broken language games" which hasn't been published
in the 80s he wrote short prose and poetry for the atlantic monthly
and the west coast review
including: "poems about lasciviousness"
       "several poems from a notebook"
       "mandolinmandarin"
in the 80s and 90s he wrote short prose and essays for harper's
magazine and poems for new american writing
including: "squashed by a violinist"
       "understand me wrong and I'll understand you right"
       "the political is and ohs"
       "the bottled thoughts on our tables"
       "the last line as compared to all that came before"
       "pleasure drive with j. lotman"
he wrote the novel "blue submarine"
he wrote the novel "fine-eyed spanish weave"

not completely wrong and yet eye spoken as if distinct from that
which was perhaps would have been perhaps some creature's eye
part of a larger class of creatures which where it simply refers to
something a gaze he saw him then in the garden which simply is
a gaze simply a breath which grows dense becomes more fervent
romantic but in another way unromantic is romantic at best was
could have been sometime perhaps arithmetic clear could have
been counting diagrams onto paper charts minds which could
have been because of him so he would forget would have forgotten
what could have been dostoyevsky pushkin what could have been
a pistol could have been a hand descending toward the wooden
grip emotion is an illness could have been fervour is reprehensible
could have been the greatest possible quantity to evaporate to
drown to be lost to disappear to appear again from somewhere to
somewhere like something in a garden around the corner at the
supermarket next to the drinks shelf next to the coca-cola pepsi-
cola in moscow cape town timeless spaceless which could have
been being then

like everything before him he too not what could have been
in listening to pure monologue could have been playing chess
football baseball could have been hating team sports then could
have been what could have been a ball lost on the roof like an
unattainable fantasy could have been lines of poetry could have

kuunnelmia radiosta silloin joskus aikoinaan ennen kuin edeltäen
mikä olisikaan ollut jazz mitkä olisivatkaan olleet kitaristin sormet
otelaudalla olleet olisivat olleet pianistin sormet koskettimistolla olleet
mitkä olisivatkaan olleet

silloin joskus ennen kuin avoautolla tunnelissa ilmavirta sai hänen
hiuksensa

keltainen avoauto joskus milloin kenties ehkä luultavasti mutta
ei enää ei enää koskaan koska niitä ei enää ole ei hänelle ei ole
ollutkaan pitkään aikaan koska sillä ei ole merkitystä sitä ei
ole palmut riveissä milloinka joskus aikoinaan nyt ne kasvavat
rykelmissä koska rivit ovat rykelmiä vaikka ne saattavatkin läheltä
näyttää riveiltä

semanttinen ennustamattomuus

aurinkokuvasto jonka hänen nimensä herättää
lentokentällä kuin toisessa olomuodossa
kuvien laajuuden joka perinteisesti saavutetaan vain hallusinaatioissa
hän soitti huilua ja musiikki ohjasi hänen askeleitaan
kuin ilmaista ei-mitään

nämä päivät täynnä loppumatonta ironiaa ironikko ei
oma mielipiteensä kyllä erityisesti
miehen huulet mitä tahansa ajatella hänenlaisensa sellaisten olosuhteiden
vallitessa askeetikko egyptin autiomaassa milloinka milloinka yhä yhä vain
arsinan maata hän tarvitsee kuin

vanha mies istuu ja lukee tolstoita
vuorovesi laskee ja nousee laskee ja taas vain arsinan maata
sielu tarvitsee hän on ja on ollut ja on to lstoi vanha kunnon leo
nikolajevitsh lyhyt säe tarkoittaa ajassa lyhyttä kuin ajatus ja samalla
ti lassa laajenevaa äärettömiin

wittgenstein
keskustelut esteettiset vuoret
kokemuksen täytyy olla harha
ei ole olemassa uusia kokemuksia kaikki on
nähdä ego kaikkialla palassa saippuaa lääkekaapin valossa
retoriikka retoriikka säemuotoinen
tuleva yötaivas numero neljä tuhoutuminen hajoaminen
looginen simulaatio
sekä psykologisessa että semanttisessa mielessä satiiri san fransisco
hankalat käännökset

been listening to radio plays sometime then at one time before
prior to which could have been jazz could have been a guitarist's
fingers on the frets could have been a pianist's fingers on the keys
been what could have been

sometime then before the air current in the convertible in the
tunnel made his hair

a yellow convertible sometime when perhaps maybe as far as I know
but not anymore not ever again when they aren't for him anymore
haven't been for a long time when since there's not meaning it's not
palms in rows sometime maybe when at one time now they grow in
clusters since the rows are clusters although they might look like rows
up close

semantic unpredictability

sun imagery that his name awakens
at the airport as in another form
a breadth of pictures which is traditionally achieved only in hallucinations
he played the flute and music guided his steps
like expressing nothing

these days full of endless irony ironist no
opinion of his own yes especially
the man's lips whatever thinking his kind of those kind of circumstances
prevailing an ascetic in the desert of egypt when when still still just
a cubit of earth he needs like

an old man sits and reads tolstoy
the tide recedes and rises recedes and again just a cubit of earth
the spirit needs he is and has been and is tolstoy a real old leo
nikolaevich a short verse means short in time like thought and at
the same time spreading infinitely in space

wittgenstein
aesthetic mountains discussed
experience has to be an illusion
there are no new experiences everything is
to see ego everywhere in pieces of soap in the medicine cabinet light
rhetoric rhetoric in stanza form
the coming night sky number four attrition decomposition
logical simulation
in both the psychological and the semantic sense satire san
francisco difficult turns

uskomisen muodot oudot enemmän kuin pisteeseen suuntautuva kohdistuva
täydellisessä rauhassa kuten tunteja poliittinen tarkoitus muuttuva ja
suhteellinen suhteellinen san fransiscon renessanssi esteettisiä harjoituksia
kylmän sodan loppu
historiallinen suuri ironia katkelmat

jumalainen ulsteri jumalainen
aristoteles arles portaat ylös alas morfogeneesi ulsteri
aristotelinen hiljaisuus ympäröivät todellinen puhdas
tarkoitus koloristinen marcuse
portaat johtavat ylös huoneeseen

muutamia kappaleita myöhemmin mikä ironia mikä jumalainen
ironia hän istuu korituolissa ja katselee ulos avonaisesta ikkunasta
toistuvasti ja kirjoittaa mikä ironia metamorfoosi teatterimaincn
valaistus luumunkukat milloin kuten aikoinaan xyz
ympäröivät puut ilmiöt uusi johtajuus tshekkoslovakian kommunistit
kadottaa näkyvistä

telegrammit hajotettuna aikaan ja tilaan valokuvasarja muuttuvista
kasvoista kuin tietämys varsova
katsoa merkityksellinen ele avot yeshurun äänessä

danten matka paratiisiin hän on elossa hajotettuna aikaan ja
mitä tapahtui viisi vuotta sitten universumissa

koska se on osa outoa maisemaa ja hänen viivähdyksensä siinä kappaleessa

danten matka etäisyyksiin joissa
on ja on jonkinlainen
huilunsoittaja joka sanoi mielikuvitus takaisin hän pitää kädessään kynää
varovasti kuin vuosisataa joka liikkuu hiukkasuniversumina
oletusarvoisena
autiomaahan myrkyllinen hotelli
mitä käveleminen on tanssille kulkeva vaeltava
joissa hän on elossa yhä yhä vain

ovat välttämättömyys todelle samalla tavoin kuin luumut ovat
välttämättömyys luumupuulle

kuin halki lineaarisen loogisen kehityksen
mandoliini perusteellisesti luonnosteltu kielet keskustelut hetket
yhtyneinä ovat fraaseja lopultakin kuviteltu kertojanääni on
loppumaton hallitseva tosi

forms of belief strange more than oriented toward directed toward a point
in perfect peace like hours political purpose changing and
relative relative san francisco's renaissance aesthetic exercises
cold war's end
historical great fragments of irony

divine ulster divine aristotle
arles stair up down morphogenesis ulster
aristotle silence surrounding truly clean
meaning colouristic marcuse
stairs lead up to a room

several segments later what irony what divine irony he sits in a
wicker chair and looks out through the open window constantly
and writes what irony metamorphosis theatrical illumination
plum blossoms when like at one time xyz
surrounding trees phenomena new leadership czech communists
lost from view

telegrams scattered in time and space photographic series of
changing faces like knowledge warsaw
looking a meaningful gesture avot yeshurun in sound

dante's trip to paradise he is alive scattered in time and
what happened five years ago in the universe

because it's part of a strange landscape and his delay in that segment

dante's trip into distances
where it is and there is some kind of
flute player who talked imagination back he holds in his hand a pen
carefully like a century that moves as a particle universe as the
default value
into the desert poison hotel
as walking is to dance travelling wandering
where he is alive only still still just

they're an inevitability to the true the same way that plums are an
inevitability to the plum tree

as if across a linear frame of logic
a mandolin thoroughly sketched languages discussed moments
combined are phrases in the end imagined the narrator's voice is
endless dominant true

outo mahdollisuus hän yhä
siirtyä uneen shakespearesta loppumaton liike kytkennät
näkymättömät oeuvres completes ja lopettaa vielä jälleen jonka
vuoksi jos täytyisi olla tietty absoluuttinen absoluuttinen täytyisi
olla lopultakin logiikka yhä hiljainen kuin jonka vuoksi mitkään
kytketyt huoneet klarinetit syntaksi tajunta hänen muotoilemansa
lause tämän kulttuurin henki der geist

he jotka elävät kuolevat entä montague london dublin mitä
tahansa aamulla kaikki vaikutti miellyttäväitä mikä muutos
sisäinen monologi näinä aikoina ja näissä oloissa missä he
keskustelivat suunnistaa noiden rähjäisten vaeltavien tähtien
mukaan suuret tummat flyygclisoinnut astrologinen heijastus
ratkaisut nerous milloin ja missä oloissa kenties konstellaatiot
ympärikääntyneet ja ironia ääretön ironia

PAULIINALLE

Pinnaltaan kuusi neliömetriä oleva valkoinen, tyhjä pöytä, siihen
kaiverretut harvat merkit, valkoinen, painava valkoinen, mies,
jonka nimi on Väisälä, vaaleassa puvussaan, hänen suonikas
kätensä, plastinen, hänen plastinen kätensä, joka ei ole valkoinen,
ei vielä, mutta kenties joskus, valkoisen hihan tummat rypyt
ja laskokset, hän katselee vasemmalle, profiili vasten tapettiin
maalattuja tammenlehviä ja eläimenpäitä, hän ojentaa kättään ja
siihen tartutaan, he kättelevät pitkään eivätkä sano sanaakaan,
koska kumpikaan ei halua antaa toiselle aseita heti alussa, ei vielä,
mutta kohta, pimeys.
   He kävelevät ulkona lumetomassa puutarhassa ja puhuvat,
puhuvat siitä, mitä tulisi tehdä ja mikä olisi oikein ja kenen
kannalta, mikä olisi tarpeellista, lumeton aika on pimeä aika,
Väisälä sanoo, ja pimeä aika ei ole huono aika, sillä pimeys
mahdollistaa sellaisen, joka valossa olisi mahdotonta, valo
häikäisee kaikkia, eikö niin ole, se on ahdistavaa, ei näe eteensä,
näkee vain valon ja harhailee. Pimeys sen sijaan, pimeys on
hienointa silkkiä, se laskeutuu ylle ja tervehtii kuin vanhaa
ystävää, pimeys on ystävä meille, eikö näin ole, pimeä aika on
lojaalisuuden aika, pimeässä me tunnistamme ystävämme, kun
kättelemme heitä ja vihamiehemme, kun he koskevat käsiämme,
me haistamme heidät, heidän juonensa ja pelkonsa, heidän
suunnitelmansa, heidän tarkoitusperänsä, liittolaisemme me
tunnistamme ja ne, jotka aikovat meidät kavaltaa, eikö niin ole,

strange possibility he still
shifts into sleep from shakespeare endless movement connection
invisible oeuvres complétes and it ends once more for which if it
would have to be known absolute absolute would have to be in
the end logic still quiet as for which nothing connecting rooms
clarinets syntax consciousness the sentence he formed the this
culture's spirit der geist

those who live die and what about montague london dublin
whatever in the morning everything seems pleasant what change
inner monologue these days and in these circumstances where
they discussed orienteering with those ragged wandering stars
great dark piano chords astrological reflection solutions genius
when and in what circumstances perhaps constellations turned
around and irony endless irony

TO PAULIINA

A white, empty table with a six square metre top, a few marks
carved into it, white, heavy white, man, whose name is Väisälä,
in a light suit, his veined hand, a plasticity, his hand's plasticity,
which isn't white, not yet, but perhaps sometime, dark wrinkles
and folds in his white sleeve, he looks to the left, his profile against
the oak leaves and animal heads painted on the wallpaper, he
reaches his hand out and it is grasped, they shake hands for a long
time and don't say a word because neither one wants to give the
other a weapon right at the start, not yet, but soon, darkness.
    They walk outdoors in a snowless garden and talk, talk about
what should be done and what would be the right thing and for
whom, what would be necessary, a snowless time is a dark time,
Väisälä says, and a dark time isn't a bad time, because darkness
makes things possible that would be impossible in the light,
the light blinds everyone, doesn't it, it's annoying, you can't see
in front of you, all you can see is light and you lose your way.
Darkness, on the other hand, darkness is the finest silk, it falls
over you and greets you like an old friend, darkness is our friend,
isn't it, a dark time is a time of loyalty, in the dark we recognize
our friends when we shake their hands and our enemies when
they touch our hands, we can smell them, their plots, their fear,
their plans, their intentions, our allies we recognize, and those
who intend to betray us, don't we, he says again, and they walk

hän toistaa ja he kävelevät huoneiden läpi niin kuin kirja luetaan, aina vain liike eteenpäin ja taaksepäin, alusta loppuun ja lopusta alkuun.

Väisälä viittaa kohti ikkunaa jälleen, hän puhuu leijonista, joiden suissa olevista messinkiputkista vesi valuu pyöreään altaaseen, hän puhuu taisteluista ja sulkee silmänsä.

Vanhus, pyöreäkalloinen ylösnoussut, hän ajattelee, pyöreäkalloinen ylösnoussut harvenevine hiuksineen ja terävine nenineen, ai ai, peltojen kynnökset häviävät noiden kasvojen uurrosten rinnalla, sikarinsavu ei ole mitään noiden silmien sameuden rinnalla, kenties onkin parempi että ne ovat kiinni, hetkinen lepoa ja harvaa pimeyttä ei tee koskaan pahaa, niin, nuo kiviset leijonat ovat pysyviä, idea niistä, idea pystypäisistä leijonista, joiden suusta valuu vettä, idea niiden taltalla taltutetuista harjoista, pyörteilevästä vedestä ja kaikesta siitä, minä olen nähnyt sen kaiken, minä olen nähnyt kuinka ihmiset ojentavat kätensä ja kuvittelevat olevansa vapaita, kuvittelevat voivansa tehdä mitä vain, he eivät ajattele sen pidemmälle, he ovat huoneessa ja näkevät seinät, mutta eivät ymmärrä niistä mitään, ja jos heille sanoo jotakin, eivät he kuuntele koska kuvittelevat tietävänsä, se on surullista, en voi tavoittaa enää ketään tässä maailmassa, olenko jo siirtynyt toisaalle.

Voi häntä, mitä voi päätellä tuosta käden asennosta ja noista pölyisistä kasvoista, hän on kenties haljennut jostakin, vaikka kallo näyttääkin olevan vielä eheä ja nenä paikallaan, hän on kenties haljennut ja se rasittaa häntä, kun ei voi koskaan tietää onko aamulla yhtenä vai kolmena palasena.

Olen kulkenut huviloissa ja nähnyt ihmisiä, joilla on valtaa ja he ovat typeryksiä, eivät he mistään mitään ymmärrä eivätkä asiat ole muuttuneet miksikään.

No, hän on kuitenkin sama vanha Väisälä vaaleassa puvussaan, sama vanha terävä nenä, sama vanha pinnaltaan kuusi neliömetriä oleva valkoinen tyhjä pöytä, sama vanha kallo ja ajatukset, ei niitä noin vain tuhota, samat vanhat silmät vaikkakin sumeat jo, ja ehkä hän sen vuoksi näkee paremmin itsensä, kaikki heijastuu tuohon sumeaan kalvoon ja hän näkee kaiken täydellisesti eikä enää tarvitse mitään ulkopuoleltaan, ei mitään epätäydellistä.

Minä olen viime aikoina kuvitellut ja nähnyt unta sellaisesta, että katselen itseäni suurelta seinälle pingotetulta valkoiselta kankaalta, se on kiehtovaa, minä liikun kauniisti ja minun kasvoni ovat hyvin plastiset, kauniit, ne ovat kuin marmorista ja kuvanveistäjän taltan muotoilemat, ne ovat kauniita varjoja, niin minä sanon aina itselleni kun aamu koittaa, ne ovat kauniita varjoja, toistan ja sitten nousen ylös ja näen, kuinka varjoni lipuu

across a room like reading a book, always in motion forward and backward, from beginning to end and end to beginning.

Väisälä gestures toward the window again, he talks about the lions with brass pipes in their mouths from which water flows into a round pool, he talks about struggle and closes his eyes.

The old man, round-headed, who's just risen, he thinks, the round-headed man who's just risen with his sparse hair and sharp nose, ai ai, the ploughs in the field would lose against the furrows in that face, cigar smoke is nothing compared to the cloudiness of those eyes, perhaps it's better that they're closed, there's never any harm in a moment of rest and sparse darkness, yes, those stone lions are permanent, the idea of them, the idea of lions with their heads raised, with water flowing out of their mouths, the idea of their manes chiseled with a chisel, the swirling water and all of it, I've seen it all, I've seen how people reach out their hand and imagine they're free, imagine they could do anything, they don't think any further than that, they're in a room and they see walls, but they don't understand anything about them, and if you say anything to them they don't listen because they imagine that they know, it's sad, I can't reach anyone in this world anymore, have I already moved into the other one?

Oh him, what can you deduce from the position of that hand and that dusty face, maybe he was broken apart by something, although that skull does look like it's still intact and the nose in its place, maybe he was broken apart and it's a burden to him because he can never know if in the morning he'll be in one piece or three pieces.

I've spent time in villas and seen people who have power and they're idiots, they don't understand anything about anything and things haven't changed at all.

Well, he's the same old Väisälä anyway, in his light suit, the same old sharp nose, the same old six square metre empty white table top, the same old skull and ideas, you can't just obliterate them, the same old eyes, although they're muddy now, and maybe that's why he sees himself better, everything is reflected in that muddy membrane and he sees it all perfectly and no longer needs anything from outside, anything imperfect.

Lately I've imagined and had the kinds of dreams where I'm watching myself on a large white screen stretched against a wall, it's fascinating, I move beautifully and my face is very plastic, beautiful, it's like marble, formed by a sculptor's chisel, beautiful shadows, that's what I always say to myself when morning comes, they're beautiful shadows, I repeat that and then I get up and see my shadow slide over the plastered wall, and then I cover my

pitkin kalkittua seinää, ja sitten peitän silmät kädelläni enkä näe muuta kuin pimeyttä, hyvää pimeyttä, ja sitten minä luen puolentoista tunnin ajan ja pesen kasvoni sen jälkeen, katselen ulos ikkunasta ja ryhdyn joko kirjoittamaan tai istun vain tuolissani ja mietin, ja sitten luokseni tulee joku ja minä kuuntelen häntä ja nyökkään oikeissa kohdissa, viittaan kädelläni oikeissa kohdissa ja huokaan ja suljen silmäni lopuksi ja viittaan ovea ja sitten hän poistuu ja jään taas yksin, mietin leijonia ja näen ne ja tunnen ne ja nousen ylös ja kävelen huoneesta toiseen jollakin tavoin rauhattomana, välillä ravistan päätäni.

Tämä on lumetonta aikaa, toisissa huoneissa ilma on lämpimämpi kuin toisissa ja sinä kuljet niiden kaikkien läpi, turha yrittää mitään, sinä ajattelet, koska huoneet seuraavat toisiaan niin kuin ne ovat aina tehneet, kylminä niin kuin aina syksyisin.

* * *

Kuinka hän, ajattelen, kuinka hän seisoi joskus täällä ja katseli ulos juuri tuosta ikkunasta, kuinka hän heitti parhaat posliinilautaseni tuohon valkeaan peilioveen, näetkö, jäljet ovat vielä siinä, lommot, ja sitten lähdimme Italiaan, siellä hän seisoi parvekkeella ja katseli alas, pronssisten kaiteiden yli hän katseli ja hymyili, hän löysi jonkun miehen ja makasi hänen kanssaan, mitäpä siitä, ajattelin, suotakoon hänelle edes hiukan iloa näinä vaikeina aikoina ja kuitenkin itkin kun hän oli poissa, sanoin hänelle siitä ja hän sanoi, että minä olen sairas, en kiellä sitä, sanoin, mutta minulla on kuitenkin yhä järkeni ja sinulla tunteesi ja hän raivostui jälleen, tämä sievä pikku näytelmä saa luvan loppua, sanoin, kaikella on oltava alku ja loppu, ja sitten kaikki keskeytyy, kameraan täytyy ladata filmiä tai yhtäkkiä puhkeaa myrsky ja kuvaukset on lopetettava, sellaista se on, muistan hyvin sen kaiken, se oli todellista draamaa niin kuin aina olen sanonut, hän hymyili pronssisten kaiteiden yli ja katseli alas, jossakin kaupungin keskustassa ne leijonat suihkuttivat vettä suistaan, messinkiputkista, ja se valui alas puoliympyrän muotoiseen altaaseen, mustavalkoisena ja kankaalla esitettynä siitä kaikesta tulee upea tarina, olin siitä varma ja muistan, kuinka vapisin ajatellessani sitä.

Miesparka, hän on ollut aina hullu mutta nyt nuo kaikki tapahtumat sekoittuvat hänen mielessään niin kuin joku cocktail, ja mikä olisikaan parempi kuva kaikelle sille. Niin tosiaan, muistan kuinka hän, juuri hän, hän kaikista, heilautti päätään

eyes with my hand and I can't see anything but darkness, good darkness, and then I read for an hour and a half and wash my face after that, I look out the window and begin to either write or I just sit in my chair and think, and then someone comes over and I listen to them and nod at the right places, gesture with my hand at the right places, and finally sigh and close my eyes and gesture toward the door and they leave and I'm alone again, I think about the lions and see them and know them and I get up and walk from room to room, troubled somehow, sometimes shaking my head.

This is a snowless time, in some rooms the air is warmer than in others and you walk through all of them, there's no point in trying anything, you think, because the rooms follow one on the other as they've always done, cold, like they always are in the autumn.

* * *

How she, I think, how she stood here sometimes and looked out of this very window, how she threw my best porcelain plate at that white mirrored door, do you see, the marks are still there, the dents, and then we went to Italy, where she stood on a balcony and looked down over the bronze railing, watching and smiling, she found some man and lay with him, what of it, I thought, let her at least have a little joy in these difficult times, but I cried when she was away, I told her about it and she said that I was sick, I don't deny it, I said, but I still have my wits and you have your feelings and she was furious again, you're welcome to end this cute little drama, I said, everything has a beginning and an end, and then everything was interrupted, the camera had to be loaded with more film, or a storm suddenly blew in and the shoot had to stop, that's how it is, I remember it all very well, it was a real drama just as I've always said, she smiled over the bronze railing and looked down, somewhere in the centre of town those lions sprayed water out of their mouths, from brass pipes, and it ran down into a semi-circular pool, black and white and projected on a screen and it will be a wonderful story, I was sure of that, and I remember how I trembled when I thought that.

Poor man, he was always crazy but now all those things that happened are mixed up in his mind like some cocktail and what could be a better image for all of that. I really do remember her, that very woman, her of all people, swinging her head and shouting,

ja huusi, nimitteli minua, kutsui minua riivatuksi ja mitä vielä,
taivutti tanssijan vartaloaan, hysteerikko, sanoin, ja kamera kiersi
minua ja häntä, hysteerikko, ja käännyin pois ja puhuin itselleni.

En minä tiedä, siinä maassa hevosille juotettiin samppanjaa,
se valui puroina niiden mustilta huulilta ja kuohui maassa
ja muodosti virtoja, kuinka huvittavaa se kaikki lopulta oli,
loputtomat illat, jolloin aurinkoa ei näkynyt pilvien takaa tai se
oli jo laskeutunut, sade, hänen muistinsa pettää hänet niin kuin
haljennut puuämpäri pettää sen, joka yrittää kantaa vettä siinä,
hänen muistinsa, se ei ole historiallinen rakenne eikä looginen
taulukko, vaa n täynnä aukkoja, verkko, moskiittoverkko jossakin
kaukaisessa maassa, jossakin puiden alla olevassa teltassa, sen
ovella, tuo symboliikka.

* * *

Tätä on runous. Täytyy luottaa intuitioonsa, antautua virran
vietäväksi. Olen kuin kuka tahansa 15-vuotias, jolle on annettu
liikaa aseita ja liian vähän ymmärrystä niiden käyttöön. Tämä
on runoutta, se tarkoittaa sitä että on luotettava itseensä vaikka
aina ei tuntuisikaan siltä. Ei taatusti. Tämä on yksi elämän
perustotuuksista. Sen voi oppia yhtä lailla koulun ruokalassa,
jonossa. Koominen sävy tässä on sama kuin kesäleirillä, keskellä
koivuja, pienessä hirsirakenteisessa mökissä jossa teinipojat
kuuntelevat ensin black metalia ja alkavat sitten hajottaa
irtaimistoa. On vain luotettava tunteeseen. Olen kuin kuka
tahansa 15-vuotias ja tunnen oloni typeräksi ja maailmaan
kuulumattomaksi. Tätä on runous, olen kuin kuka rahansa
15-vuotias täynnä itseään. Täytyy vain luottaa vaistoonsa ja antaa
mennä. Täytyy vain unohtaa typeryydet ja hakata maailmasta
ilmat pihalle, tarkoitan että tunnen oloni kotoisaksi tässä.

* * *

Kun kiipeän vuorelle jalkani ovat eloisat, mutta kun laskeudun
siltä olen väsynyt ja vanha. Olen hävinnyt ottelun. Portaita, eräänä
yönä, valkoisten kukkien alta, ei sieluakaan jäljellä. Pitkin pöytää,
niin kuin jokin kuiva esine joka rapisee pitkin pöytää, puhuen
keinorusketuksesta, surumielisesti ja, tietysti, mekaanisesti, enkä

calling me names, saying I was possessed and who knows what else, bending her dancer's body, hysterical, and I turned away and talked to myself.

I don't know, in that country the horses were fed champagne, it flowed in streams from their black lips and bubbled on the ground and formed rivers, how amusing it all was in the end, endless nights when the sun wasn't seen behind the clouds or it had just set, the rain, his memory deceives him like a broken wooden bucket deceives you when you try to carry water in it, his memory, it isn't a historical structure or a logical diagram, it's full of holes, a net, a mosquito net in some faraway country where, in a tent under the trees, at the door, is that symbol.

* * *

This is poetry. You have to trust your intuition, let the current carry you. I'm like any other 15-year-old who's been given too many weapons and too little understanding of how to use them. It's poetry, which means that you have to trust yourself even if it doesn't always feel that way. Of course it doesn't. This is one of life's basic truths. You can learn it just as well in the school cafeteria, standing in line. The comic tone here is the same as at summer camp, among the birch trees, in a little log cabin where teenage boys first listen to black metal and then start breaking up the furniture. You just have to trust the feeling. I'm like any other 15-year-old and I feel stupid, like I don't belong in the world. This is poetry, I'm like any other 15-year-old, full of myself. You just have to trust your instincts and let go. You just have to forget the nonsense and knock the wind out of the world – I mean I feel at home here.

* * *

When I climb up a mountain my feet are alive, but when I climb down it I'm tired and old. I've lost the game. Stairs, one night, under white blossoms, not a soul left. Along the table, like some dry thing scratching along the table, talking about artificial tans, in a melancholy and, of course, mechanical way, and I'm still not old

ole vieläkään tarpeeksi vanha sellaiselle tuoreudelle. Pehmeydelle.
Olen liian kokematon, liian epätasapainoinen. Alas, samalla
tavalla kuin ennen sitä. Se on haastavaa, täytyy ohjata itseään
pitkin lunta. Tai rakentaa jotakin hyvin monimutkaista, ohuessa
ilmassa, vaatekaapissa. Sulkea silmänsä samaan aikaan. Keksiä
uusi talousjärjestelmä, katolla, viipyen. Kun vaihdan puolta
olen tyytyväinen. Se riemastuttaa minua, niin kuin kasvoni
muotoiltaisiin taitavasti uudestaan. Tai oikeastaan koko ruumiini.
Olen yhtä ujo kuin joskus ennen, mutta toinen puoli minusta etsii
konflikteja, mahdollisuutta hajottaa kaikki. Sitten olen hetken
ajan tyytyväinen, sen ajan kuin kestää levittää voidetta kasvoihin,
herkästi. Kadunkulmassa, mustan maastoauton vierellä, niin kuin
härkätaistelija joka on nukahtanut pehmeään sänkyynsä hellin
jäsenin. Anteeksiantamatonta. Mutta sitten laskeudun rinnettä ja
seuraan hänen perässään. Ei, hän seuraa minua, aina ne soittavat
kesken aterian. Ja joka kerta sanon olevani matkalla hautajaisiin
ja nauran kuivasti. Se saa minut tuntemaan itseni tunteettomaksi
paskiaiseksi. Siirrän kaiken pahan itseeni ja nautin siitä.

* * *

Olen kuten kuka tahansa teini-ikäinen. Vailla
sielua, sitä paitsi vailla kaviaaria torilla jonka
poikki kuljen halkopinojen ylitse. Ja peltojen
ylitse joita en edes näe ihmisjoukon keskellä.
Olen kulkenut pitkän matkan mutta en ole vie-
lä tullut tähän. Olen kuten kuka tahansa teini-
ikäinen ja kirjekuoressa on nippu seteleitä. Ne
ovat minä kuten kuka tahansa. Olen töissä arkki-
tehtitoimistossa kuten kuka tahansa teini-ikäi-
nen. Olen osakas ja paistan aamulla munakkaan.
Se on vailla sielua. Olen vain osa keskellä pel-
toa, vain vakoa. Olen kuten kuka tahansa teini-
ikäinen vailla. Haluan mutten saa. Minulla ei
ole hätää niin kauan kuin kenkäni eivät purista
kun ylitän peltoa. Minut on huomattu. Olen osa-
kas ja samaan aikaan design-lepotuoli.

enough for that kind of freshness. Softness. I'm too inexperienced, too unstable. Down, the same way as before. It's challenging, you have to guide yourself along the snow. Or build something very complicated, in thin air, in a closet. Close your eyes at the same time. Invent a new economic structure, on the roof, lingering. When I switch sides I'm satisfied. It thrills me, as if my face were skillfully reshaped. Or actually my whole body. I'm just as shy as I used to be, but the other side of me is looking for conflicts, for an opportunity to wreck everything. Then for a moment I'm satisfied, as long as it takes to spread lotion on my face, gently. On a street corner, next to a black SUV, like a bullfighter who's fallen asleep in his soft bed, with tender limbs. Unforgiving. But then I descend the ridge and follow after him. No, he follows me, they always call in the middle of a meal. And every time I say that I'm on my way to a funeral and laugh drily. It makes me feel like an unfeeling shit. I transfer all the evil onto me and enjoy it.

* * *

I am like any other teenager. Without
a soul, and without caviar besides
at a market across which I walk over
piles of wood. And over fields that
I can't even see amid the crowd of
people. I've walked a long way but
I still haven't arrived here. I am like
any other teenager and in an envelope
is a bundle of bills. They are me like
any other. I'm working in an architect's
office like any other teenager. I'm a
partial shareholder and I fry an omelet
in the morning. It is without a soul.
I am but a part in the middle of a field,
just furrow. I am like any other teenager
without. I want but I can't have. I have
no cause for concern as long as my
feet don't pinch when I cross the field.
I've been noticed. I'm a partial share-
holder and at the same time a designer
easy chair.

* * *

En näe hänen sisäänsä, mutta näen, että hän on tunteellinen. En
voi nähdä hänen sisäänsä, mutta näen, että hän on surullinen. En
näe hänen sisäänsä, mutta näen, että hän on voitonriemuinen. En
voi nähdä hänen sisäänsä, mutta näen hänen olevan rauhallinen.
En näe hänen sisäänsä, mutta näen, että hän on tiedonhaluinen.
En voi nähdä hänen sisäänsä, mutta näen hänen olevan vihainen.
En näe hänen sisäänsä, mutta näen, että hän katuu. En voi
nähdä hänen sisäänsä, mutta näen hänen pelkäävän. En näe
hänen sisäänsä, mutta näen, että hän toivoo. En voi nähdä hänen
sisäänsä, mutta näen hänen olevan ylpeä. En näe hänen sisäänsä,
mutta näen, että hän on tyytymätön. En voi nähdä hänen sisäänsä,
mutta näen, että hän on armelias. En näe hänen sisäänsä, mutta
näen, että hän on urhea. En voi nähdä hänen sisäänsä, mutta näen
hänen olevan rohkea. En näe hänen sisäänsä, mutta näen, että
hän on pettynyt. En voi nähdä hänen sisäänsä, mutta näen hänen
olevan tyytyväinen. En näe hänen sisäänsä, mutta näen, että hän
on ahdistunut. En voi nähdä hänen sisäänsä, mutta näen hänen
olevan periksiantamaton. En näe hänen sisäänsä, mutta näen,
että hän on kärsimätön. En voi nähdä hänen sisäänsä, mutta näen
hänen olevan kärsivällinen. En näe hänen sisäänsä, mutta näen,
että hän on päättäväinen. En voi nähdä hänen sisäänsä, mutta näen
hänen olevan häpeissään. En näe hänen sisäänsä, mutta näen, että
hän on oikeudenmukainen. En voi nähdä hänen sisäänsä, mutta
näen hänen olevan epäoikeudenmukainen. En näe hänen sisäänsä,
mutta näen, että hän on nöyrä. En voi nähdä hänen sisäänsä, mutta
näen hänen olevan epäitsekäs. En näe hänen sisäänsä, mutta näen,
että hän on itseriittoinen. En voi nähdä hänen sisäänsä, mutta näen
hänen olevan murheellinen. En näe hänen sisäänsä, mutta näen,
että hän on viehättynyt. En voi nähdä hänen sisäänsä, mutta näen
hänen olevan itsepäinen. En näe hänen sisäänsä, mutta näen, että
hän on vakava. En voi nähdä hänen sisäänsä, mutta näen hänen
olevan tiedonhaluinen.

* * *

I can't see inside him, but I can see that he's emotional. I can't see inside him, but I can see that he's sad. I can't see inside him, but I can see that he's exultant. I can't see inside him, but I can see that he's at peace. I can't see inside him, but I can see that he's curious. I can't see inside him, but I can see that he's angry. I can't see inside him, but I can see that he feels regret. I can't see inside him, but I can see that he's afraid. I can't see inside him, but I can see that he's hopeful. I can't see inside him, but I can see that he's proud. I can't see inside him, but I can see that he's dissatisfied. I can't see inside him, but I can see that he's merciful. I can's see inside him, but I can see that he's brave. I can't see inside him, but I can see that he's courageous. I can't see inside him, but I can see that he's disappointed. I can't see inside him, but I can see that he's satisfied. I can't see inside him, but I can see that he's anxious. I can't see inside him, but I can see that he's unyielding. I can't see inside him, but I can see that he's impatient. I can't see inside him, but I can see that he's patient. I can't see inside him, but I can see that he's determined. I can't see inside him, but I can see that he's ashamed. I can't see inside him, but I can see that he's just. I can't see inside him, but I can see that he's unjust. I can't see inside him, but I can see that he's humble. I can't see inside him, but I can see that he's unselfish. I can't see inside him, but I can see that he's self-satisfied. I can't see inside him, but I can see that he's sad. I can't see inside him, but I can see that he's intrigued. I can't see inside him, but I can see that he's stubborn. I can't see inside him, but I can see that he's serious. I can't see inside him, but I can see that he's curious.

TEEMU MANNINEN (b. 1977, Espoo) is a poet, translator, publisher, literary scholar and critic from Helsinki. He spent his school years in a small town near Tampere before moving there to attend university. He was on the editorial board of the poetry magazine *Tuli&Savu* from 2005 to 2008, a doctoral student in the Finnish Graduate School of Literary Studies from 2007 to 2010 with Sir Philip Sidney as his subject, and currently writes literary reviews for *Helsingin Sanomat*, the major newspaper in Finland.

Manninen published his first poetry collection, *Turistina täällä* [A Tourist Here], (Tammi) in 2004, following it with *Lohikäärmeen poika* [The Dragon's Son], (Tammi) in 2007 and *Säkeitä* [Verses], (ntamo) and *Futurama* in 2010. *Futurama*, which won the Tiiliskivi prize, was published by the poEsia imprint, a precursor to the esteemed poetry publishing co-operative Osuuskunta Poesia, of which Manninen is a founder member. Manninen's fifth book, *Paha äiti* [The Bad Mother], was published in 2012 by Poesia.

FLEUR JEREMIAH (b. 1947) holds a degree in English, Aesthetics and Sociology from Helsinki University. After her studies, she moved to London where she was awarded a postgraduate diploma in librarianship by the University of London. She has worked as a librarian, an abstractor, and a Citizens Advice Bureau manager, and is now a freelance translator.

EMILY JEREMIAH (b. 1975), her daughter, holds a BA in French and German from Oxford and a PhD in German Studies from Swansea University, and is now a senior lecturer in German at Royal Holloway, University of London. Fleur and Emily have co-translated two novels from Finnish: *The Brothers* by Asko Sahlberg (Peirene Press, 2012) and *Mr Darwin's Garden* by Kristina Carlson (Peirene Press, 2013). They have also worked together on a number of translations of modern Finnish poetry.

LOLA ROGERS received bachelor's degrees in Linguistics and Scandinavian Studies at the University of Washington in 1997 and a master's degree from the UW Finnish program in 2005, followed by training and interning at FILI Finnish Literature Exchange in Helsinki. She has worked as a full-time freelance

translator since 2007.

Her published translations include *The Healer* by Antti Tuomainen, *True* by Riikka Pulkkinen – one of Shelf Unbound's best books of 2012 – and *Purge*, by Sofi Oksanen, which was chosen as a best book of 2010 by *The California Literary Review, The Sunday Times, The L Magazine* and others. Her translations of Riikka Pulkkinen's debut novel *The Limit* and Pasi Jääskeläinen's novel *The Rabbit Back Literature Society* were published in 2013.

Lola Rogers has contributed translations of fiction, non-fiction and poetry to *Books from Finland* magazine, *Words Without Borders* and other publications. She currently lives in Seattle.

HELEN R. BOULTRUM lives in South-East England. She translates from Finnish and Swedish into English.

Other anthologies of poetry in the series
'New Voices from Europe and Beyond'
(Series Editor: Alexandra Büchler) include:

Six Slovenian Poets
ED. BRANE MOZETIČ
Translated by Ana Jelnikar, Kelly Lennox Allen
& Stephen Watts, with an introduction by Aleš Debeljak
'NEW VOICES FROM EUROPE & BEYOND' NO. 1

Six Basque Poets
ED. MARI JOSE OLAZIREGI
Translated by Amaia Gabantxo,
with an introduction by Mari Jose Olaziregi
'NEW VOICES FROM EUROPE & BEYOND' NO. 2

Six Czech Poets
ED. ALEXANDRA BÜCHLER
Translated by Alexandra Büchler, Justin Quinn
& James Naughton, with an introduction by Alexandra Büchler
'NEW VOICES FROM EUROPE & BEYOND' NO. 3

Six Lithuanian Poets
ED. EUGENIJUS ALIŠANKA
Various translators, with an introduction by Eugenijus Ališanka
'NEW VOICES FROM EUROPE & BEYOND' NO. 4

Six Polish Poets
ED. JACEK DEHNEL
Various translators, with an introduction by Jacek Dehnel
'NEW VOICES FROM EUROPE & BEYOND' NO. 5

Six Slovak Poets
ED. IGOR HOCHEL
Translated by John Minahane, with an introduction by Igor Hochel
'NEW VOICES FROM EUROPE & BEYOND' NO. 6

Six Macedonian Poets
ED. IGOR ISAKOVSKI
Various translators, with an introduction by Ana Martinoska
'NEW VOICES FROM EUROPE & BEYOND' NO. 7

Six Latvian Poets
ED. IEVA LEŠINSKA
Translated by Ieva Lešinska, with an introduction by Juris Kronbergs
'NEW VOICES FROM EUROPE & BEYOND' NO. 8

Six Armenian Poets
ED. RAZMIK DAVOYAN
Translated by Arminé Tamrazian, with an introduction by Razmik Davoyan
'NEW VOICES FROM EUROPE & BEYOND' NO. 9

Six Catalan Poets
ED. PERE BALLART
Translated by Anna Crowe, with an introduction by Pere Ballart
'NEW VOICES FROM EUROPE & BEYOND' NO. 10

www.ingramcontent.com/pod-product-compliance
Lightning Source LLC
Chambersburg PA
CBHW030837090426
42737CB00009B/1009